JN104953

夢は、叶えるもの！

やればできる、自分が変われる
～元気・根気・勇気・そして努力～

對木佳史

先生という存在

山本寛之

　1980年9月から1981年3月までテレビ朝日で放映された「サンキュー先生」（私は音楽・主題歌等を担当）というテレビドラマがあった。

　西田敏行さん扮する主人公・石松鈍器は、元大学の助教授であったが、教授の不正が許せず暴力を振るって辞職させられてしまう。

　その後、故郷小田原に戻り、産休補助教員として小学校に赴任する。そこで、先生として子供たちに接するが、その姿勢や子供たちに対する思い、そして不器用な熱血ぶりが、著者の對木先生に重なるのである。

　小学生にとって先生の存在は大きい。考えようによっては子供たちの将来まで方向づけしてしまう可能性があるのである。

　本書によって、先生という存在の偉大さを理解してもらえたら嬉しく思う。

山本寛之

河島英五／橋幸夫／堀内孝雄／財津一郎／デューク・エイセス／ダイアモンド☆ユカイ／吉幾三／三山ひろし等17人の各界著名人が歌った『野風増』の作曲で有名だが、その他、多数のヒット曲をもつ。ちなみに「サンキュー先生」の主題歌「風見鶏こっち向いた」は、作詞：みなみらんぼう／作・編曲：山本寛之／唄：西田敏行である。

子供たちにとっての先生

佐藤重直

　私の少年時代は病弱でした。その私を救ってくれた医師に憧れ、当時は医学の道を志しておりました。

　ところが、ある日ある言葉に出会って、私の考えは変わってしまったのです。それは、中国の文学者・魯迅の『肉体の傷を治すより、心の傷を治すべきだ』という言葉です。その時点で、私は医者から表現者になりたいと思うようになりました。

　本書の著者・對木佳史先生は当初銀行マンでした。ところが、そのあと教師を目指します。

　未来を担う子供たちにとって学校の先生の役目は、とても重要です。

　本書を読むと、對木先生の熱中度が、とてもよくわかります。多くの方々に読んでいただきたいと思います。

あるテレビ局で、出演者と共に
撮影の合間に撮った写真

佐藤重直

早稲田大学文学部卒。国際放映入社。1971年日活へ。「熱中時代」「俺たちの旅」「ゆうひが丘の総理大臣」等を大ヒットさせた監督。その後も、若者たちに問いかける映画「青春のしおり」などを手がける。現在、かつての大物俳優との交友録を執筆中。日本映画監督協会理事。

茨の道を口笛を吹きながら疾走する人

石川　岳

　私は、人が話をする時と文章を書く時では、その人の内側で働く何かが違うのだと思っている。

　話を聞いているとそうでもないのに、その人の書く文章を読んだときに「そんなことを考えていたんだ」と驚くことがあったり、文章を読んでいるとそうでもないのに話を聞いていると「めちゃくちゃ面白い人だな」と思うことがあったりする。

　ついキングは、まさに後者の人だ。だから「新しく本を書く」と聞いた時「出来る限り、ついキングが話をしているかのように、文章にしてみたら良いのではないか」と思った。「でも、それは一人では難しいだろう」とも思ったので、これまでにたくさんお世話になったお礼に、その作業を手伝うことにした。

　どんな作業だったかと言うと、①ついキングが話をする。②それを私が面白がって聞く。③その上で、ついキングがそれらを文章としてまとめる。④それを私が、なるべくついキングが語っているかのような文章にするという作業。

　一番楽しかったのは、もちろん①と②の作業。ついキングの話は本当に面白い。こんな面白い人は会ったことがないというくらい面白い。だから、この本を読んでくれた人、是非一度ついキングに会いに来てほしい。そして、ついキングの話を聞いてもらいたいと思う。見た目は怖いけど大丈夫。ついキングは、自分の話を面白がって聞いてくれる人のことは、もれなく

大好きになってくれる。

　一番大変だったのは④の作業。なにせ、ついキングが書く文章は、はちゃめちゃ。まさに、ついキングの生き方そのもの。多分、読んでくれる人のことをあまり考えていないのだと思う。とにかく突っ込みどころが満載の文章なのだ。だからその度に、ついキングにもう一度話をしてもらうことになる。ただ、その話が面白い。だから何度も聞いてしまう。同じ話なのに何度聞いても笑ってしまうし感動してしまう。こういう人を「はなし家」と言うんだろうなーと思うくらい。

　ただそのおかげで、これまで知らなかった「ついキング」という人の半生を知ることが出来た。そしてその半生は、ドラマチックで壮絶で笑いと涙に溢れていた。だからこそ、その人生を多くの人に読んで欲しいと思うようになった。途中からは、変な使命感のようなものまで出て来て、いつしか私は、毎週水曜日についキングの喫茶店に通っては、ついキングの話を聞き、それを文章にするという作業に没頭するようになった。

　そんな私をよそに、ついキングは会うたび「俺の人生の話なんて、誰も興味を持たないよ」と言っていた。「わざわざ本にまでして誰が読んでくれるんだか」と弱気だった。その都度「絶対面白いです！」「もっと、自分の人生の面白さに自信を持ってください！」と私。この間、そんなやりとりを何度繰り返しただろうか。

　そしてついに私が「絶対面白い！」と思うついキングの人生を私以外の人たちに味わってもらえることになった。是非、「有名人でもなく、恰好が良いわけでもなく、どこにでもいる、た

だのおじさんの壮絶な人生を、大いに楽しんで欲しい」と思っている。

　もちろん、ついキングの人生だけが特別なのではない。誰の人生にも光さえ当てれば、たくさんの物語が奇跡が笑いと涙が溢れているのだとも思う。

　ただ私は、ついキングというおじさんに出会ってしまった。そしてその面白さを知ってしまった。だから、それをたくさんの人に知ってもらいたいと思った。この本を手にとってくれた方々にも、その面白さが少しでも伝わればとても嬉しい。

　何度も言うけれど、その上で本物のついキングに会ってほしい。ここだけの話、ついキングは、茅ヶ崎駅から徒歩3分にある「茅風」という喫茶店のマスターだ。寡黙そうな顔をして、実はとってもおしゃべりなマスター。

　あなたは、そのマスターにこう言って話しかけるだけでいい。「本、読みました」と。そうすれば、あとは勝手についキングが話し続けてくれる。その後あなたは、ひたすら、ついキングの話のシャワーを浴び続ける。

　もう充分！　と思ったら「もう帰ってもいいですか？」と言えばいい。少し寂しそうな顔はするだろうし「あと10分だけ」と言うかもしれないけれど、そのうち話を止めてくれるはずだから。

　ただ、その帰り道、あなたは気づくはずだ。喫茶店に来た時よりも、元気になっている自分に。

　そんな素敵な循環が生まれる未来が、すぐそこにやってくることを信じている。

★ ついキングとは、かつての教え子が、對木先生の對の字の中には王様がいる。だから、これから、（對キング）ついキングと呼んでもいい？　からできた愛称である。

2023 年 12 月末日　橘道夫　改め　石川　岳

石川　岳（いしかわ・がく）
　1978 年 11 月 13 日生まれ（45 歳）
　27 歳　小学校教諭となり、初任校でついキングと出会う
　42 歳　小学校教諭を退職
　43 歳　葉山にある自然学校「TIDEPOOL」で働き始める
　45 歳　「TIDEPOOL」の施設長として、葉山の海や山で、子供たちと
　　　　遊ぶ毎日を送る

はじめに

　2022年7月、おいらのカフェで壮神社の恩蔵良治社長と久しぶりに再会した。

　そこで驚いたことは2人とも癌を患ったということだった。社長は未だ抗がん剤治療中。おいらは入院して半年前に大腸癌の手術を受け退院したところ。

　そしてこれまでのお互いの話をしていく中で、最近教師という職業がブラックだとか、なり手がいないとかの世間の風潮の話から、本当にそうなのか？　ということになった。

　おいらは、これまで壮神社から5冊の書籍＆4巻のDVDを出版させていただいているが、その内容は武道書＆闘病記だった。でも実はこれまで教師を生業として生きてきたので、今度は10作品目の記念著書として初の教育書を世に問いましょうということになった。

　社長はこの日から出版に至るまでの半年余り、中野から10回も抗がん剤治療を受けながら茅ヶ崎のおいらのカフェを訪ねてくれた。そして『おいらの夢は、学校の先生！』を2023年2月に出版することができた。

　この書籍の読者からの感想でおいらが一番驚いたことは、なかなかおもしろく一気に読んだという感想が多かったことである。おもしろさなど、全く意図していなかったからだ。

　ただ、これを読んで教師になりたいとは思えないねという率直なご感想もあった。

　あと、各章をさらに掘り下げて書いたら、もっと教師に対す

る興味・関心が深まるのでは？　というご意見を多々いただいた。

　金融マン時代の1年にも満たない経験でも、思い起こしてみると多くの刺激的なエピソードがある。その具体的なエピソードを想起していくうちに、教師のみならずおいら自身の人生をも、じっくり振り返ってみようと思うようになった。

　そういった時代の流れを想起することによって、教師は本当にブラックなのか？　おいらにとっては夢だったのにという問いかけから、上梓してみようということになった。

　少しでも、なるほどと頷いていただけたら、本当に嬉しい。

2024年1月8日　對木佳史

【目次】

第1章

金融マンから教師へ

1. 幼少期から小学校時代

　おいらは1歳5ヶ月で重度の小児喘息になった。

　発作が起きると「ヒュウヒュウ、ゼイゼイ」と呼吸が苦しくなる。季節の変わり目はもちろんのこと、少し運動しただけでも発作が起こる。幼稚園の出席日数は半分程度だった。

　母はかかりつけの医師から「残念ですがお子さん、大人になるまで成長できるかどうか」と言われたそうだ。

　幼稚園の卒園式は、国立相模原病院のベッドの上。喉、体、太腿、足の指にいたるまで、全身に注射を打たれていた。

　小学校入学後は、毎週月曜日には学校を早退して、国立相模原病院へ通院した。

「何で、おいらだけ？」と友達が羨ましかったのをよく覚えている。

　小学生の時、勉強は良くできた。体育が2で、あとは全部5だったと記憶している。当時は、5段階評価だった。

　外で遊べない代わりに、ピアノとバイオリンを嫌で嫌でしょうがなかったけれど5歳から習っていた。

　ただ、小学校6年の時、テレビで「巨人の星」が毎週土曜日に放映されるようになると「おいらも野球がしたい！」と思うようになった。

　地域には少年野球のチームがいくつかあったけれど、きっと通用しないだろうと思い、近所の下級生を集めて自分でチームを作った。チーム名はホワイト・ナックルズ。監督は、近所に住んでいた大学生にお願いした。

おいらはキャプテンでありエースで４番。６年生は３人。サードが小室君でキャッチャーが深江君と今でも覚えている。初めて出場した夏の大会（サザンが茅ケ崎ライブを行った茅ケ崎球場）では、コールド負け。

　おいらはコントロールは抜群だったけれど、いかんせん球が遅い。ただそんなことよりも、おいらみたいに体が弱くても、やる気になって行動すればキャプテンにもピッチャーにも、４番にもなれるんだということがよく分かった。

2. 中学校時代

　おいらの中学生時代は、もちろん野球部に入って野球に明け暮れた。すると段々身体が丈夫になり、やがて喘息も出なくなった。

　さて、そんな昭和 30 年代の学校教育においては、今では信じがたい事柄が多々あったように思う。おいらの中学では、中間テストや期末テストが終わると、氏名と点数と順位が職員室の廊下の上段に張り出された。

　おいらの学年は 136 名いて、おいらの順位は 50 番から 60 番くらいであった。そして、トップ 10 の級友は、その 10 人の中で入れ替わっていたし、逆に 100 番以下の級友は、その 36 人の中で入れ替わっていた。なにも 100 番以下の点数や氏名などは張り出さなくてもいいのにと、子供心に思ったものである。

　だからおいらの学年は、3 クラスで 136 名だったと今でも覚えている。さらに、教師達から信じがたい言葉が発せられていた。

「頑張って公立高校に行きなさい。公立高校に行くことこそ親孝行です。なぜなら、公立高校は入学金と授業料が私立高校に比べて驚くほど安いからです」（入学金 250 円、授業料月 600 円。私立はうろ覚えだが、万単位だったと思う）

　これを、全校の生徒の前で話すのだ。この時も、おいらは「公立高校に行けない子たちは、どんな気持ちで聞いているのだろう」と子供心に思ったものである。高校に行かずに（行けずに？）

働いていた級友も2人いたのに。その2人とも、おいらとっても仲良しだった。中学3年になると4人の野球部のうち3人とC高校でも野球をやろうと約束していた。ところが、中学3年の年明けのある日、おいら達C高校志望者15名のうち7名が突然校長室に呼ばれた。

　校長先生から、おいら達7名に「学区外ではありますが、今まで女子高であったI高校が来年度から共学になるので、そちらを受験してください。そこには、県内各地から優秀な生徒が集まってきます」と言われた。

　おいらは最初その申し出をつっぱねた。すると「C高校を受けるなら、私立高校も併願しないと厳しいです。I高校なら専願で受験できます」と言われた。(自分ながら、よく半世紀も前のことを覚えているもんだ)

3. 高校時代

　結局高校は、「一緒にＣ高校に行って野球をやろう」と約束していた佐藤君とＩ高校を受験することにした。ただＩ高校へは、電車とバスと徒歩で１時間もかかる。しかも、女子高から共学になったばかりのＩ高校には野球部はなかったのである。

　ただ高校野球でいう甲子園のような大会が毎年九州であり、そこへ行ける可能性が大きいという。

　よくよく話を聞いてみると、神奈川県下の高校で男子ソフトボール部のある高校は２校しかないとのこと。つまりいきなり県大会の決勝戦なのである。とりあえず、佐藤君とソフトボール部に入ったが、２ヶ月でやめた。

　電車やバスでじっと座っていることが大の苦手なおいらは、高校へ自転車で通学することにした。片道１時間の自転車通学が始まるのであった。（時間的には、電車＆バスと同じ）

　しばらくすると級友にバレーボール部に誘われた。「中学で野球をやっていたなら運動神経がいいはずだ！」と。

　バレーボール部のメンバーは皆、中学でバレーボールをやっていて、おいらよりずっと背が高かった。だからおいらは、セッターになった。バレーボールはそれなりに面白く、夏休みには山中湖で１週間ほどの合宿もした。

　実は、Ｉ校のバレーボールとテニスの女子は、県下で１、２位を争うほどの強豪校であった。この山中湖への合宿には、指導の厳しい女子の監督も参加され、おいら達は徹底的に鍛えられた。

合宿所でポリバケツに水を入れ、そこに氷とレモンの輪切り
を入れ、練習場の体育館まで運ぶのがおいらの役目だった。
　男子の監督と女子の監督は、２人して車で体育館に来る。その時の会話も、なぜか鮮明に覚えている。女子の監督は「男に
教えるのもおもしろい。教えるとすぐに覚えてできるようにな
る」と。
　おいらは、セッター。平行という技を何度も練習したのを覚
えている。これは、相手に普通のトスを上げると見せかけて、
１人先のアタッカーにネットすれすれにトスをする。サイン通
りいかなければ自滅する。この技は、ＴＶの中継でもよくみか
ける。しかし、おいらは志望校へも行けず、めちゃくちゃやり
たかった硬式の高校野球もできずに、何をしているのだろうと
時々思った。
　バレーボール部員は、全員１年生である。昨年まで女子高だ
ったのだから当たり前の話である。そんな中、顧問の先生が何
を血迷ったのか、東海大学附属の超強豪校との練習試合を組ん
だ。おいらもレギュラーで試合に出たが、何もできなかった。
　あの大きなボールが速すぎて見えない。大砲の玉のように撃
ち込まれてくるのが、とにかく怖かった。
　翌日、退部届を出した。その後は、ブラスバンド部に誘われて、
トランペットを吹いたり、放送委員会の委員長をしたり、授業
以外の時間を大いに楽しんだ。
　もちろん、往復２時間の遠距離自転車通学も続けていた。１
年生の時は、多くの先生方から「君か、茅ヶ崎から自転車で来
ているのは？」と驚かれ、２年生になると「凄いな！　まだ自

転車で来ているのか？」と感心されていたが、3年生にもなると「お前ちょっとおかしくないか」と呆れられるようになった。

　ただおいらの中には、「大学生になったら、自転車で日本1周をしよう！」という夢が生まれていた。

　輪太郎というアニメの主人公が日本1周するのであるが、おいらは、そのアニメに完全に感化されていた。

　毎日、往復2時間を自転車通学しているのに、夏休みには、伊豆半島1周を2泊3日で、初日は茅ケ崎から下田。下田の海岸でテントを張ろうとしたら、数日前に地震があったとかで、禁止。降りてきた坂道を国道まで戻り、どこかの学校の校庭にテントを張った。2日目は、十国峠を三島まで下り、そこから芦ノ湖までの箱根峠の坂道を延々と登った。

　バレー部の合宿もそうであるが、この自転車の旅のような非日常な出来事、特に10代に経験したことは、今になっても鮮明に覚えている。そして、3年生の3学期が始まったある日、校長室にお客さんが来ていると呼ばれた。行ってみるとなんと競輪関係の方であった。「競輪学校へ入らないか？」と誘われた。

　なんでおいらのところへと思ったが、その理由がすぐにわかった。おいらの毎日の自転車通学の途中に、長い直線道路がある。そこを時々、競輪選手と思しき人達がすごいスピードで走り抜けていく。おいらは、その人たちを、むきになって追いかけていた。きっとそこで目をつけられたのだろう。

　この頃のおいらの夢は、すでに自転車での日本1周でもなく、もちろん競輪選手になることでもなく、ブルース・リーであったので、丁重にお断りした。人生、どこでどうなるかわからな

い。懐かしい思い出である。

　おいらには、自信をもって親友と呼べる友人が２人いる。その１人とは、高校で出会った。

　その親友は、高校３年生の夏、おいらに「映画監督になりたい。だから、大学には行かずに専門学校へ行く」と言ってきた。そのために、８ミリカメラを買ったという。そして敬老の日（当時は９月１５日）に８ミリ映画を撮ろうということになった。

　当時の日本にはまだビデオなどなく、写真でさえ２４枚か３６枚撮りのフィルムであった。写真を撮り、そのフィルムを写真屋さんに出してから、２日後に取りに行って初めて撮った写真を見ることができた。そんな時代だった。

　８ミリカメラは、３分間の撮影をして、それを写真屋さんで現像してもらい、それらを繋ぎ合わせて動画にしていく。そして、そこには音声は入っていない。音声はあとから挿入する。それをアフレコ（アフターレコーディング）という。今のスマホは、本当に魔法箱のようなものである。

　親友ともう１人の友人とおいらの男３人で、おいらが大好きな映画「燃えよドラゴン」にかこつけて、「燃え尽きたドラゴン」という題名の８ミリ映画を作った。その時、数名の同級生の女の子達を誘ったのだが、彼女達は、おいら達にこう言い返してきた。「對木くん達、大学受けないの？　もう９月よ」と。

　それでも、おいら達はあきらめずに２年生のところへ行き、３人の女の子を見つけてきた。おいら達は、この６人の仲間を『コスモス』と命名した。そして、コスモスの歌まで作った。

　この映画作りは『コスモス』のメンバーの人生に大きな影響

を及ぼすことになった。なんと、この６人の『コスモス』メンバーのうち、２組が夫婦になったのである。人生、摩訶不思議である。

　８ミリ映画が完成した時には、もう 10 月になっていた。これから受験勉強を始めるおいらには、当然大学に入れる実力はない。でも、とにかく大学生になりたかったおいらは、良い方法があることに気づいた。推薦入学である。高校から推薦をしてもらえれば、論文と面接だけでペーパーテストを受けずに大学生になれる。

　おいらは、すぐに担任の先生の所へ行って、「Ｔ大学への推薦をしてください」と言った。先生は、「残念だが無理だ。君の成績は推薦を受けるための評定に達していない」と。おいらは、負けじと食い下がった。「２月にペーパー試験を受けて合格するのは無理なんです。推薦でいくしかないんです」と。

　数日後、担任の先生から、「合格の保証は出来ないが、学校長から推薦の許可が出たぞ」と。「本当ですか。ありがとうございます」この時は、まるで大学の合格通知をもらったような気分であった。

　そこで、おいらは推薦試験の日まで「論文の書き方」なる本を徹底的にむさぼり読んだ。「やったー！　ペーパー試験を受けなくても大学生になれる！」と信じていた。

　推薦試験当日、論文を自信を持って書き上げた。今でも、その論文の課題を覚えている。〈スピード時代におけるあなたの考えを書きなさい〉オイルショックの２年後、1975 年当時の日本である。そのあと、面接試験の会場へ行った。

かなりの受験生がいたが、おいらの面接の順番は終わりのほうであった。面接に呼ばれるまでの長い時間、周りの受験生と自己紹介し合ったりして、おしゃべりして大いに盛り上がってしまい「静かにしなさい！」と注意を受けてしまった。

　そして、結果は不合格。今でも、あの面接を待つ会場でおとなしくしていればよかったと後悔している。否、おいらの人生、振り返ってみると不合格で良かったのかもしれない。

　おいらが担任の先生に「なぜ、推薦なのに落ちたんですか？」と言ったら、先生は「もともと評定が足りなかった上に、お前がそれでもいいから、とにかく推薦してくれとしつこかったからだ」と返された。こうして、大学受験は失敗に終わり、おいらは、浪人をすることになった。

　往復２時間の自転車通学という高校時代から、浪人時代は、東海道線と山手線で代々木まで通うことになった。

懐かしき当時の国鉄の定期券

4. 大学時代

　一浪の末、おいらは念願の大学生になった。今度は、往復なんと 4 時間の電車通学という大学時代に突入する。

　茅ヶ崎駅発、終点橋本までは相模線（当時は電車ではなくディーゼル機関車）、橋本からは横浜線で八王子まで行く。そこで一度、駅の外へ出て京王線に乗り換え、高幡不動で乗り換え多摩動物公園駅まで行く。

　そこから、だらだら坂を上り切ったところに大学の正門がある。第 1 限から授業がある時は、6 時 53 分茅ヶ崎発の相模線に乗る必要があった。

　この相模線での通学は、いま思えば情緒に溢れていた。まずはドアの開閉。たいていの場合それを乗客がやるのだ。そして線路は単線。ただ 100％座れた。

　4 人掛けのボックス席で、前に乗客がいない時には足を投げ出したばこまで吸えた。そして、この相模線での通学のほとんどを、おいらは読書に費やした。

　今なら、多分スマホでゲームだね。あの当時、スマホなどなくて本当に良かったと思う。

　ちなみに、おいらの所属は人文学部社会学科。ただ、あまり勉強した記憶がない。しかし、卒業論文だけは必死に取り組んだ。大学 3 年生の時、それまで授業でお世話になっていた立木教授のもとに卒論の相談にいった。

「先生、卒論のテーマですが、何にしたらよいのか悩んでいます……」

「君は、武道に熱心に取り組んでいるようだね。なぜ今の時代でも、君のように武道に携わっている人がいるのか？　そのことを追求していけば、それは立派な社会学になるのでは？」

　そんな立木教授のアドバイスから生まれたテーマが「現代社会における武道の意義」であった。この卒論制作においては、本当に多くの本を読み、熱心に取り組んだ。その時の通学の懐かしい思い出がある。

　茅ケ崎発の相模線は、橋本で終点となるのだが、その手前の南橋本駅から橋本駅間は、かなりの上り坂となっている。

　ある秋の日、南橋本から橋本へ向かう車内にこんな放送が流れた。

　「只今、当車は落ち葉でスリップしたため、もう一度、南橋本まで戻り、勢いをつけてから再び橋本駅へチャレンジします」

　ディーゼル電車は、数回のチャレンジの後、見事に橋本駅に着くことができた。確か、乗客から拍手がおこっていた。

　ただ、そのためおいらは大学のゼミに遅刻した。そして、遅刻した理由を教授に話すと

　「そんなバカなことがあるか。どうせつくなら、もう少しうまい嘘をつけ」と怒られた。

　しかし、次の日の朝日新聞の三面記事にかなり大きく「相模線、落ち葉でスリップ！」と掲載された。後日、教授にその新聞の切り抜きを持っていった。すると教授は「お前は、一体どこから来ているんだ？」と言ったきり黙ってしまった。

　相模線といえば、実はおいらのおじいちゃんは、相模線が蒸気機関車だったころの機関士だった。満州では、兵隊さんを乗

せて蒸気機関車を運転していたおじいちゃん。おいらが4歳に
なる頃に亡くなってしまったけれど、おいらが3歳の頃、お
じいちゃんが運転する蒸気機関車に乗せてもらったことをおぼ
ろげながら覚えている。

　そして、そのおじいちゃんの傍らで、母がよくこんなことを
言っていた。「おじいちゃんのせいで、洗濯物が汚れて困る」と。
おいらの実家は、駅から3分。蒸気機関車の煙が届くのである。

　相模線からは、そんなあれやこれやを思い出す。

相模線

祖父が乗っていた蒸気機関車

5. 金融マン時代

　おいらは、大学を卒業後、金融機関（信用組合）に就職した。学生の時は、将来どんな仕事に就きたいのか、具体的なものがなかった。

　ひょんなことから　「先輩、会社訪問しないのですか？」ときかれたのは、夏休み明けの9月。しかし、今でいう就活が始まっても、おいらは相変わらず大学近くの喫茶店に入り浸っていた。

　何で、皆リクルートスタイルになり、就活するのだろう？できるのだろう？　おいらは、何をしたいのかわからなかった。

　大学の4年間は、ほとんどの時間を武道の稽古に費やした。おいらは、ブルース・リーに憧れ、中国拳法や日本古武術を街の道場で学んでいた。

　「先輩、金融機関なんか、絶対向いてませんよね」「そうか、じゃ銀行員にでもなるか」「優、いくつあります？」「2つ。可山優三にもなれなかった」「2つしかないのですか？　じゃ、無理ですよ。金融機関は、優が最低20は必要ですよ」「誰がそんなこと決めた」

　母に会社訪問に行くと言ったらたいそう喜んで　「背広（今でいうスーツ）を買いに行こう」と。　「いいよ、高校の時の学生服で」

　おいらは、学生服で、武術の免状を片手に会社訪問をした。

　その会社は、それまでは、入社試験（ペーパー試験）が難しいとの評判であったが、おいらが訪問した年からは、ペーパ

一試験を廃止し、面接を７回実施したとのこと。そのほうが、預金を多く集める人材を採用できるのではと考えたとのこと。

　結果は、あれよあれよという間に、課長〜部長〜専務との面接を通過し、理事長面接で内定を頂き、大学卒業と同時に金融マンになった。俗にいう銀行員である。おいらみたいな人間が銀行員になれたことが、なんとなく嬉しかった。

　しかし、１年もたたずに辞表を提出してしまうことになったのであるが、その１年間のエピソードについて記すことにする。

【金融マン時代のあれこれ】

エピソード①「得意先の仕事」

　４月１日入社式。

　おいらは、新入社員代表として挨拶をした。

　あいさつも終盤にさしかかった時「４月１日に、新入社員として、理事長より辞令を頂き」と言うつもりだったところを「４月１日に、新入社員として、理事長より辞表を頂き」と言ってしまうハプニングが。会場は、爆笑。嘘から出た誠とはこのことで、事実おいらは１年も立たずに辞表を出すことになる。

　入社してからの２週間は、新入社員全員の代々木のオリンピック村での宿泊研修。宿泊研修は、大学のサークルの合宿のようでとても楽しかった。

　一日中研修なので、朝・昼・晩の３食を食堂で食べるのだが、その食堂のメニューは和食と洋食の日替わり定食のみ。おいら

毎日、毎食、両方の定食を平らげた。そう２週間全食２食ずつ食べたのである。

　そんな研修で、今でも役立っていることがある。それは、お札の数え方。研修では偽札を使って、何度も練習をした。

　２週間の研修を終え、各支店への配属が決まる。おいらの配属先は、町田支店「得意先課」。そこでの仕事のほとんどは、預金集め。

　バイク（スーパーカブ）に乗って、お客様宅への訪問集金と新規開拓。雨が降ろうと嵐であろうと、その仕事は変わらない。

　だから、バイクの後ろの黒い鉄製の籠の中には、カッパとタオルが必ず入っている。

　雨の日は、お客様のお宅の軒下でカッパを脱いでタオルで服を拭き、身だしなみを整えてからチャイムを鳴らす。しかし、そんな時に限って、お客様が留守だったりする。

　40年以上も前のことだけど、この仕事の大変さを痛感したことを今でも時々思い出す。

　担当地域の一角に５階建ての団地があった。すべてのポストに名刺を入れ、訪問しまくったこともある。一日が終わるとへとへとであった。そんな時にバイクですれ違う郵便局員が羨ましく感じられた。

「いいなぁ〜。配達するだけで。おいらは、新規開拓して、新規預金をしてもらわなければならないのに……」

　４月末の町田支店の得意先会議には、支店長と支店長代理が出席する。

「さて、對木君は来月の１か月でいくら集めてくれるかな？」

「はい。え〜とにかく、やってみないと分かりませんが、3百万円位は集めたいと思います」

「分かった。では、對木君は、3千万円にします」

「……」

　結果、5月のおいらの新規集金額は、様々な偶然が重なったこともあって、なんと1億3千万円だった。

　後日の支店長談

「あの時、對木の言う通り3百万円で私が妥協していたら、對木は、どんなに集めても3百万円だったと思う。もちろん私は、新人の對木が3千万円集めてくるとは思っていなかった。でも、人間、3千万円のノルマを課せば、2千万円くらいは集めるものなんだよ……」と。

　思えば、当時の先輩方は、自らに億以上の目標を設定していたなー。

エピソード②『得意先課』主任に同行。その行先は……

　町田支店「得意先課」へ配属された時の忘れられない出来事である。得意先課は、1人の主任と3人の先輩とおいらの5人のチームであった。。

　まずは、3人の「得意先課」の先輩に同行して、お客様へのあいさつ回り。そして、4日目は主任に同行することとなった。

　主任のお客様のひとりに、歌手の山本譲二さんのお姉さんがいらっしゃった。その方が喫茶店を経営されていたのだが、なんとそのお姉さんが10万円の定期預金をつくってくださったのである。今でも覚えている。この時代の定期預金の利率は3

％、つまり100万円の定期預金が1年で103万円になった。利息で生活している人もいた。

　その喜びもつかの間、次の訪問先へ向かうことになった。

　次の訪問先は、なんとノーパン喫茶であった。おいらは行ったことはなかったが、ノーパン喫茶は1980年代、大流行していた。

　主任とおいらが通された場所は、なんと女の子たちの待合室であった。ノーパンの女の子たちを前に、主任がおいらに言った。

「この千円札。全部で10万円あるか確かめてください」「はい」おいらは、研修で培った技を披露すべく数え始めた。しかしその途中で手を滑らせてしまい、千円札の束を床にドバーとまき散らしてしまったのだ。女の子達は「キャー」と大騒ぎ。おいらは、床にまき散らされた千円札を必死に集めた。

　店に戻り、主任が支店長に事の顛末を報告。2人は、「今年の新人の對木は、とんでもない奴だ」と大笑いしていた。

エピソード③「ご印鑑」

　銀行員になりたてだった頃のおいらにとって、忘れられないエピソードがある。それは、町田支店に配属された時のことだった。

　当時の町田支店には「新入社員に、あるお店の印鑑を取りに行かせる」という一つの試練があった。そのお店とは、「やきとり楽ちゃん」。

　後から知ったことだけれど、その店の店主はかなり風変りな

（見た目は、梅宮辰夫そっくり。えらい貫禄があった）人だった。何も知らないおいらは、やきとり楽ちゃんを訪れ、「すみません。ご印鑑ください」と店主にお願いをした。

　すると、店主は、いきなり大きな声で「出ていけー。来るなー」とおいらを一喝。

　おいらは、とてもビックリしたけれど、支店長に「印鑑をもらってきなさい」と言われていたので、次の日もその次の日も、やきとり楽ちゃんを訪れては「すいません。ご印鑑ください」と店主に頭を下げ続けた。

　その度、店主は「また来たのかー。出てけー」とおいらをどなり続けた。ただ、それを 10 日ほど続けたある日。

　その日も「すみません。ご印鑑お願いします」と頭を下げると、その日に限ってなぜか店主が「カウンターのところにある。勝手にしろ」というのだ。おいらは、ビックリしながらも、そこに置いてある印鑑を押して店に戻った。

　すると、店の支店長以下、皆が本当に驚いた顔で「よくもらってきたな」というのだ。「ちょっと待ってくださいよ。皆さんに言われたからもらってきただけなのに、どういうことですか？」と尋ねると、「今まで、何人もの新入社員があの店に行ったけど、一人ももらえなかったんだ」と言うのだ。

　実は、その店主とは、その後とても仲良くなったのだが、後日「なぜ、あの時、印鑑を押させてくれたのですか？」と尋ねると、楽ちゃんは「ばか言ってんじゃねえ。おまえみたいに、毎日来るやついねえんだよ。おめえが毎日、ご印鑑ご印鑑言うから、夜寝てるときに魘されて、もう印鑑やっちまったほうが

いいと思ってやったんだよ」と。

　ある夏の暑い日の昼下がり。

　楽ちゃんのお店の前を通ると楽ちゃんがお店にホースで水を
かけていた。

「あんまり暑くて店もかわいそうだから、水をかけてやってん
だよ」

「楽ちゃん、自分にかけたほうがいいんじゃない？」

「このやろう、まて〜」と田んぼの一本道まで追いかけてきた。

　40数年前の、今でも時々思い出す懐かしい風景である。

　楽ちゃん、今、どうしてるのかなぁ〜。

エピソード④「スナック舞」

　お客様の1人に形成外科の院長先生がおられた。波長が合うというのか、おいらに大変フレンドリーに接してくださった。看護婦さん、10名ほどの新規預金もしてくださった。

　そんな院長先生がある日、

「舞（院長先生の俗にいう愛人）にスナックをやらせるんだが、おたくにメイン・バンクになってもらおうかな」

「本当ですか？　ありがとうございます」

「ただし、1つだけ条件がある。集金等は店で行うこと。舞のアパートには絶対出入り禁止だぞ」

「承知いたしました」

　ある日、舞さんからお店に電話がかかってきた。

「對木くん、今日、入金するからアパートに来て」

「舞さん。それはダメですよ。先生に怒られちゃいますよ」

「そう。じゃぁ解約しちゃおうかな？」

「ちょっと、待ってくださいよ。勘弁してください。わかりました。これから行きますから」

　おそるおそる舞さんのアパートに向かった。

　無事集金を終え、帰ろうとした時のことである。

「對木くんって、いつもお昼どうしてるの？」

「お昼ですか？　大抵お客様のお店で頂いてますよ」

「そうなの。じゃあ、今日はうちにおでんがあるから食べていったら？」と。

　そんなわけで、集金だけのつもりがお昼までごちそうになることに。

その日の夜、帰宅途中にスナック舞に立ち寄ると、いつものように院長先生が、カウンターでスロットマシンに興じておられた。ただ、いつもと異なりめっぽう機嫌が悪そう。

　しばらくすると「ちょっと、こい」と呼ばれた。
「預金は集まっているか？」
「はい。おかげさまで」
「ところで、今日の昼は何を食べた？」
「きょきょきょうの昼ですか？　え、え、え〜と、そうだ、おでんを食べました。お・おでん定食」
「そうか、そいつは旨かったか？」
「いや〜めちゃくちゃ美味しかったです……」
「ほー。それで、そのおでんは、どこで食べた？」
「ど、ど、どこで？　え、え、え〜とですね……」
「夕方、舞のところへ行って、朝、俺が作ったおでんを出せと言ったら」
「對木君がみんな食べちゃった」と。
「……」
　めちゃくちゃ懐かしい、嘘のような本当の話である。

エピソード⑤「高島社長との思い出」

　銀行員の仕事は、お金を介してお客さまと取引をすることである。そしてお金ほど、人間模様を浮き彫りにするものはないであろう。
　ある工芸店を営んでおられた社長とその奥様には、ことのほか親切にして頂いた。

　高島社長とは、集金の度に冗談を言い合う間柄になっていた。ある日のことである。

「對木ちゃん、今、カバンの中にいくら入ってる？」

「今ですか？　300万くらいですかね」

「よし、じゃあ、今から俺と2時間付き合え。その300万、1,000万にしてやる」

「ど、ど、どういうことですか？」

「今から競艇に行って、その300万を1,000万にしてやる。店に300万入れる。おれが、500万もらう。對木ちゃんが200万だ。どうだ、みんな幸せだろ」

「ちょっと、まってくださいよ。今勤務時間中ですし……競艇？確かに1,000万になることもあるでしょう。でも、ゼロになることもあるのでは？」

「對木ちゃんよ。そりゃ、そん時だ。それが人生ってもんだ」

　こんな冗談を言い合ったことも何故か鮮明に覚えている。

　会社を辞めても高島社長との親交は続いていた。

　夏の教員採用試験に合格してから、翌年春に採用されるまでには、割と自由な時間があった。そこで、社長の工芸店でアルバイトをさせてもらった。

　そこでは、回転寿司のメニュー張りや、剥げてきた道路沿いのホテルの看板描きなど、今にして思えば、アルバイトとはいえ、本当に貴重な体験をたくさんさせてもらった。

　バイト料は、日給7千円とお昼の超大盛弁当。奥様にも大変やさしくしていただいた。

　実は、おいらの現在のカフェの看板は、奥様に発注して制作

して頂いたものである。

　会社をやめる時にも、

「對木さん、本当に、辞めちゃうの？　うちの人、寂しがるわ。私、對木さんのお人形作りたいから、カメラのフィルムケースを２つ持ってきてくれる？」と言って、記念に人形を作ってくださった。

当時、アルバイトをしていた時の看板描き

奥様手作りのおいらの人形

　そんな社長との忘れられない思い出がある。

　おいらがアルバイトで社長の仕事を手伝っていた時のこと。

　工芸店の近くにある建設会社の社長の奥様が焼き肉屋を始めるというので、社長に看板製作などの依頼がきた。

「對木ちゃん。今日は看板立てるから、昼までに縦穴ほってくれ」

　おいらは、特別な形をしたスコップで、穴をほっていた。

　ところが、途中で、水道管が破裂してしまった。おいらが、破裂させてしまったのである。

　裏のアパートから、怖そうなあんちゃんが出てきて「おい！水が出ねえぞ。おめえら、何やってんだ」

　その時、建設会社の社長が「兄ちゃんよ。見てわかんねえのか、ひっこんでろ！」と一喝。その一言で、そのあんちゃんは、すごすごとアパートへ戻っていった。今でもまざまざと思い出す、凄まじい迫力であった。

　その後、その社長がおいらのところへ。

「ぶっとばされるに違いない。とっさによけるか？　潔くなぐられるか」一瞬でいろいろなことを考えた。

　すると社長は、おいらの肩に手を置き「對木ちゃんよ。わざとやったわけじゃねえんだから、仕方あんめえ。これから、気いつけな」「は・はいー」

　その後、すぐに水道工事の人たちがきた。

　塩ビの水道管（おいらは、水道管は鉄でできていると思った）を挿入し、両端を機械で押しつぶすように閉めて水の流失を防いだ後、真ん中に新しい塩ビ管を挿入して工事は終了。

その間、ものの30分ほどだった。おいらは、その工事の人たちの手際の良さに感動した。

そして、高島社長は工事の人に、水道管の工事費用35,000円を支払っていた。

そんなハプニングがあったものの、その日の仕事をなんとか終え工芸店に戻ると、社長が「對木ちゃん、お疲れ」とバイト料の7,000円を手渡してきた。

「今日は、本当に申し訳ありませんでした。すぐには無理ですが、必ず工事費用はお支払いしますので」

「おい、ばかやろう。もう一回言ってみろ」

「社長が、工事費の35,000円を払って下さっているのを見ました。破裂させた責任は自分にあります」

「おい。何を生意気言ってやがる。お前を雇ったのは、おれだ。だから、水道管を破裂させたのは對木ちゃんの責任ではなく、對木ちゃんを雇ったおれの責任なんだよ。黙って受け取って帰れ」

その日、おいらは、町田から藤沢までの小田急線の中で泣きたいほどジワーとした幸せ感に包まれていた。

そんな、社長も還暦を待たずに若年性アルツハイマー病を患い、すでに旅立ってしまった。

もう一度お会いして、社長にお礼を言いたいな〜。冗談を言い合いたいなあ〜。社長と巡り合えて、幸せでした。

以上が金融機関時代のエピソードの一部である。ほんの一部である。

　かなり、多岐にわたる内容となったが、これが 1 年にも満たない金融機関での今でもはっきりと覚えているおいらのエピソードである。

　このあと、おいらは、38 年ほど教師を生業にするのであるが、良い悪いは別にして、この金融機関、民間での経験は、とても役立った。

　民間の感覚と公務員のそれとは、かなり異なるなーと今更ながらに思う。もちろん、おいらは、公務員になりたくて教師になったのではない。教師になりたくて、教師になったら結果それが教育公務員だったということである。

　銀行員時代の同僚がよく「いいなー。市役所とかは。5 時になると、さっと退勤出来て」と愚痴をこぼしていた。

「そんなに、公務員になりたいのなら、来年受験すれば」とおいら。

　おいらは、その頃たまたま預金も面白いように集まっていて、仕事自体は楽しかった。ただ、辛かったのは、武道の稽古をする時間が皆無になってしまったこと。もちろん、道場へも通えない。道場に通えなくなっても、会費だけは、第 1 日曜日に師匠に毎月届けていた。

　いつまでも武道の世界とつながっていたかったからだと思う。そんなある日、師匠から「台湾の少林金鷹拳の陳炎順老師から訪台しないかという誘いが来ている」という話をお聞きした。

　それ以来、おいらの頭の中は、仕事よりも台湾の拳法修行になってしまった。そして、銀行員になって 8 か月目の 11 月

15日「台湾に移り住んでもいい！」くらいの気持ちで、仕事を辞めることにした。そう、辞表を提出した。

　銀行を辞める報告をした時の父、大学の教授、母の言葉が面白かった。

父「勝手にせい」

大学の教授「そもそも君が銀行員になったこと自体、おかしかったからね」

母「せめて、12月のボーナスをもらってから辞めたら良かったのに……」

　誰も引き留めてくれなかったのである。

陳炎順老師

6. 小学校の教師になるまで

　12月、師匠と台湾へ行った。そして、帰国後、なぜか「小学校の教師になりたい」という感情が湧いてきた。

　40年以上過ぎた今でも、当時なぜ教員免許すら持っていない、持っていたとしてもなれる可能性の極めて少ない教師を目指したのか。TVの影響があったにしても、自分のことながらとても不思議である。

　そして、ここから、これまで好きなことしかやってこなかった、勉強などまったくしたことのなかったおいらが、1日12時間の勉強をすることになるのである。

　台湾から帰国し、それまでに経験してきたアルバイトの中から予備校の講師をしていたことを思い出し、学校は、時間やお金のことなどほとんど意識することなく、子ども達との学習に取り組むことができた。

　おいらという人間は、人に何か教えるような仕事があっているのかもしれないと思った。

　おいらの学生時代は「金八先生」の前の水谷豊主演の「熱中時代」小学校編（1977年〜1999年5月）であり、土曜の夜は毎週見ていた。その前の村野武範主演の「飛び出せ！　青春」も良かった。そんな影響もあってか、小学校の教師を目指すことになる。

　小学校の教師になるには、教員免許状を取得して、採用試験に合格する必要がある。

　そこで、教員免許状を玉川大学の通信教育で取得し、採用試

験に向けて、25 歳で 1 日 12 時間の試験勉強を始めた。（失業
保険も 6 か月頂いた。これは、月 9 万円ほどだったと記憶し
ている。このことも良い経験になった。まだ、ハローワークな
どという言葉もなく、毎月の給料で 950 円ほど、失業保険手
当として自動的に差し引かれていた記憶がある）。

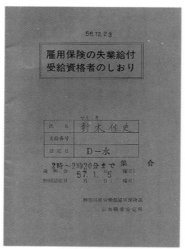

失業給付のしおり

　会社を自主退職して、しばらくして通信課程ではない玉川大
学文学部教育学科出身で、小学校教師を諦め民間企業に就職し
た知り合いに会い、次のような衝撃的な言葉を聞かされた。
「今は、まず小学校の教師にはなれないね。採用試験には受か
らないよ。だいたい、玉川大学の通信課程で、教員免許取得の
割合は、1 年間で 40％だよ」
　40％しか取得できない。否、40％は、取得できる。採用も

されないわけではない。とまれ、小学校の教師になるのには大変厳しい時代であった。国立の教育学部など教育学部自体が消滅してしまった。教育学部を出ても教師になれないかららしい。

　そんな厳しい中に身を置いて、徹底的に記憶し、記憶したページから「俺は銀行員だった」と印鑑を押していった。

　おいらが、小学校教諭になるためには、採用試験に合格することが絶対条件であり、その時あることに気づいた。端的にいえば、興味があろうがなかろうが、試験範囲の内容を記憶し、再現できればいいのだということを。つまり、記憶し再現する学習には、教師はいらなかった。参考書があれば、充分であった。

　しかし、それは、好きなことしかしてこなかったおいらにとっては、無味乾燥なつまらない作業のようなものであった。

　もう一つ記しておきたいことがある。小学校の教師になるには、通常偏差値の高い高校へ行き、まじめに努力して将来は教師になるという希望を、すでに 18 歳でもち、国立の教育学部あるいは、私立の初等教育学科で学ぶ方が多いと思う。

　しかし、おいらなど高校卒業の時など頭の中は〝ブルース・リー〟一色で、教師になろうなどととても思える状態ではなかった。

　教師になるためには、どこの大学のどんな学部であっても、何歳であっても、大学卒業資格と教員免許状、そして採用試験に合格すれば教師になれる。ある意味、今の日本の中では、なかなか平等な仕組みである。男女も全く平等である。

　しかし、昼間の教育学部に籍をおくのと違って、通信課程で教員免許を取得することは並大抵のことではない。

ここで、免許取得のための玉川大学での一コマを述べる。通信課程であっても、3教科ほどは夏季スクーリングか夜間スクーリングで直接通学し単位を取得しなければならない。
「算数教材研究」というものを登録したおいらは例えば、5＋3＝8とかの計算を子ども達にどう教えるのかの授業をするのだろうと考えていた。しかし、実際に行われたのは高校の微分・積分であった。無論、何もわからない。この時ほど、会社を辞めたことを悔やんだことはなかった。
　そんな時、山口県出身の方と知り合いになった。彼は、東工大出身でIT関係の会社に就職したが、どうしても小学校の教師になりたくて離職し、おいらと同様、免許取得に励んでいた。
　そこで、算数教材研究のことを相談した。とてもおいらには微分・積分など解らないと。すると彼は、
「足し算、引き算、掛け算、割り算できますか」
「えっ？　もちろん、できますよ。一応、高校の数1までは、ついていけていましたから」
「じゃ、大丈夫です」
「大丈夫ではないですよ。実際わからないし」
「高1から、やり直せばいいんですよ。どんな難解に思える数式でも、紐解けば四則計算しかありませんから。私は数式などに興味があり、面白く感じたんです。でも對木さんは、数1以上の数学に興味関心をいだかなくなってしまわれたのでは？」
「その通り」
　彼との出会いは、免許取得に大いに参考になった。面白いことに、おいらは彼に次のようなお返しができた。通信教育では、

一教科例えば教育原理という科目2単位の取得に対して、2つの課題があり、2通のレポート（1通400字詰め原稿用紙、6枚程度）を提出することになる。そして、それぞれのレポートに対して、A～Eの判定が下される。Eは、再提出である。A～Dは、レポート合格である。そして、大学等の会場で科目試験（筆記試験）を受け、その科目試験に合格してはじめて、教育原理2単位が認定される。かなり、厳しい内容である。

「実は私、まだレポート3通しか提出してないのですが、對木さんは？」

「おいら、レポートは、もう全部提出しましたよ」

「全部？」

「どうして、まだ、3通しか提出していないのですか？」

「だって、あんなに厚い参考書、なかなか読み込めませんよ」

「えっ、全部読むの？　そんなことしたら、いつになっても免許取得なんてできませんよ。レポート合格して、科目試験を受けることが当面の目標ですよね。だったらレポート、例えばD合格だっていいじゃないですか？　おいらは、課題に沿った目次の中から重要と思われる個所に赤線を引き、それらを文章としてつなげて書いているんですよ」

「なるほど、そんな書き方でいいのですね？　僕は全部読破して、少しでも良い評定を得ようとしていました。たしかに当面の目標は、レポートにAでもDでもいいから合格することですよね」

　彼もおいら同様、翌年小学校教諭として、故郷山口県で採用された。お互いに、夢は見るだけでなく叶えるもの。人生の一

つの夢が叶いました。

　ある意味、なんとなくIT企業や金融マンになり社会へ飛び出したおいらたち。しかし、これからは夢の実現に努力し、つかみとった小学校教諭という職。なりたい職が見つかり、実現するのを夢見て努力し、その職に就けたということ。幸せなことである。

　おいらは、1983年4月、晴れて小学校教師に転職した。

　何で、こんなことを書いたのかというと、教師は何歳になっても努力してやる気があれば、その道は、開かれているということをお伝えしたかったのだ。

　今は免許状をもっていれば、臨任として教壇にすぐに立つことができるようである。

　教員免許について最後に述べると、おいらは全くついてなかった。まず通信教育で取得した教員免許は、小学校2級である。短大卒の方の級である。4年生卒だと1級になる。実際にはどちらの級でも仕事上変わりがないが、将来管理職になるには1級が必要とか。

　でも、そんなこと当時意識していなかったし、また14年たてば、自動的に1級になるとのこと。ただただ、小学校の教師になれたことが嬉しくてしかたなかった。

　この免許には、実はついこの間まで苦しめられた。教師になって7年目、玉川大学から1通の封書が届いた。再入学して、1種免許を取得しませんか？　実はこの年から2級免許が14年で自動的に1級になる制度がなくなりました。1種、2種という名称の免許に代わり、今なら玉川大で取得した2級免許

の残りの科目を取得すれば良いとの知らせであった。

　残りの科目とは、理科とか家庭科とか、おいらの苦手な教科である。とにかく、取れるものなら取っておこうと再び在籍し、とまれ１種もどうにか取得した。この２回の教員免許取得に際して書いたレポートは膨大なものになった。今にして思えば文章を書く良い勉強になった。

　そして、ダメ押しが10年ごとの免許改定である。もともとは、一度取得すればそれでよかった教員免許であるが、夏休みに講座のある大学で３万５千円の自腹を切って授業を受けるのである。

　免許失効になれば、教壇に立てなくなる。おいらも２年前、がんばって受けた。ところが、ところがである。なんと昨年からは、この免許改定がなくなったとのこと。この国は一体、何を考えているのだろうか。

第2章

おいらは、小学校の先生

1. 小学2年生の子供たち

　小学校2年生。7歳から8歳の44名が、おいらが受け持った初めての子供たちであった。当時は45人学級であった。

　44名の小さな子供たち88の瞳がこちらを見ている。1つの部屋の中で、確かに遠い昔通っていた懐かしい場所であるが、ある意味非日常的な空間と時間である。とにかく、子供たちにおいらの話を聞いてもらうこと伝えること、子供たち一人一人の意見を聞くことである。

　その事が、とても至難の業であった。でも楽しかった。何だかわからないが、とても幸せを感じる空間と時間であった。元気の良い44名の子供たちを、26歳の男が一人で一日面倒をみる。面倒をみるどころか、国語・算数・理科・社会・音楽・図工・体育に道徳に特別活動の授業をし、テストをして評価をしなければならない。

　体験に勝るものなし。やってみなければわからない。この体験が、例えば面倒だったり煩わしく感じるのなら、小学校の教師になどならないほうが良い。子供たちにとっても自分にとっても、お互いに不幸である。おいらは基本、楽しくて仕方なかった。

　日々の生活の中で、一つわかったことがある。おいらがオルガンを弾くと、この子たちは一斉に歌い始める。歌い終わったその直後が、おいらが子供たちに話を伝えるチャンスである。

　おいらは、朝の会はもちろんのこと、音楽の授業に限らず、事あるごとにオルガンを弾き、子供たちに大切な話をするよう

になった。

　今にして思えば一つの工夫である。でも、隣のクラスの子から「なんで先生のクラスは、お歌ばかり歌っているの？」と言われ、答えられなかった。

　おいらには、２人の親友がいると述べたが、２人目の親友とは大学で出会った。

　彼は「お前が教師になったとはどうしても信じられない」と言って、おいらのクラスの授業参観日に、保護者に紛れておいらの授業を参観した。さらに授業参観だけでは飽き足らず、なんとその後の懇談会にも参加した。「對木先生の友人ですが、懇談会に参加してもよろしいでしょうか？」と許可までとってである。

　その日の帰り、彼はおいらに言った。
「いや〜びっくりした。保護者の話に相槌を打ちながら聞いたり、丁寧な言葉で対応したりする對木の姿。大学の時とは、別人だったよ」

　偏差値が高く、ペーパーテストで良い点数をとる人間は、記憶し再現する学習を積み重ねて努力してきた人間である。
だけど、それは数ある学習形態の中の一つに過ぎないのである。高校時代のおいらは「国立大学へ行く人間は、ペーパーテストはもちろんのこと、人間的にも全てが素晴らしい人間である」と思っていた。

　数年後、それはおおいなる誤解・錯覚・勘違いであることが分かったが……。

　予備校時代のおいらの偏差値は悲惨なものであった。しかし、

そのおよそ6年後、教員採用試験の模擬テストでは2016人中、6番であった。

　なぜか？　25歳の1年間、1日12時間の勉強、暗記をしたからである。

　おいらは、ペーパーテストで評価されることに対して「そんなもんで、おいらのことを評価されてたまるか」という気持ちを子供の時からもっていた。

　世の中に未だに残る偏差値が高い学校＝良い学校という考えに対しても、本当にそうか？　という思いを持っている。

　良い学校があるということは、悪い学校もあるということだろう。おいらの大学は悪い大学？　有名大学という言葉があるってことは、無名大学もあるってこと？　おいらの大学にも名前があるよ。頭がいいとか、悪いってどういうこと？
こんな、日常なにげなく使われている言葉に多くの者が悩み惑わされている社会。これは、おかしな社会だと思う。

2. 大先輩・栗原先生のこと

　前書の出版を受けて、実際に本を読んでくれた友人・知人・読者からたくさんの感想を頂いた。

　その中で一番反響が大きかったのが「栗原先生とおいらとの若き日の子弟関係」に関するものであった。
まずは、それを再現する。

　おいらの職場に、栗原先生という女性の大先輩がいらっしゃった。

　年齢や教師経験でいえば、おいらより30歳ほど年上の方である。おいらは、野球でいえば3対0で負けていたのに、9回裏ツーアウトから逆転満塁ホームランで「さよなら勝ち」をしたようなものである。すなわち、教師に対する心構えができていない。

　栗原先生に尋ねた。
「給食の時間ですが、6名ずつが5グループ。7名ずつが2グループで、給食を食べているのですが、とにかく、がやがやとうるさいのです。私は、黙って食べなさいなどというつもりはありません」

　すると、栗原先生は「先生は、子供たちにどのように指導されましたか?」

　おいらは「あのねぇ、みんな、先生は黙って食べなさいとは言いませんが、グループの6人か7人とお話するのに、どうしてそんなに大きく、まるで怒鳴り声になってしまうのです

か？」

「なるほど。でっ、おとといは？」

「えっ、おとといですか？　おとといも、あのねぇ、みんな、先生は黙って食べなさいとは言いませんが…」

「同じことを言われてますね。子供たちは、同じことを言われれば言われるほど、言うことをきかなくなりますよ」

「あなたは、20代で若々しい。存在しているだけで子供たちは近寄ってくるでしょう。羨ましい限りです。でも、私にはあなたよりも多くの経験があります。引き出しをたくさん持つことも大切なことです」

「若いころは、得てして大きな声で、うまくいかなければ怒鳴って子供たちを導こうとします。でも、40歳、50歳になっても大きな声を出さなければ、子供たちの指導ができないようだと自分が惨めになりますよ」

　そうです。栗原先生は、いつでも、どこでも、誰とでも、普通の話言葉で、普通の音量でお話をされている。

「あと、よく職員室で、今年の子供たちは……とか愚痴をこぼす先生がいますが、あれは自分の力のなさを自ら吹聴しているようなものですよ」……「なるほど」

　栗原先生は、徒歩で学校へ来られている。だから、帰宅時間が重なるとおいらの車でお宅まで送り届けた。ただ、送り届ける前に必ずといっていいほど、ファミレスに寄ってお茶をした。自分にとっては、お茶どころではない。いろいろと教えて頂けるまたとないチャンスであった。

　栗原先生とはおいらがジャカルタ日本人学校へ赴任するまで

の４年間、毎週１〜２回はファミレスで、今にして思えば教師のイロハを、たっぷりと伝授していただいた。

　このファミレスでの伝授の最後の時、おいらはこんな疑問を投げかけた。

「栗原先生、自分は、25歳でいきなり教師になろうと思いました。だから、普通の先生方とはだいぶ毛色の違った人間であり、先生からみればあきれるような非常識なことも多々あったことと思います。であるにもかかわらず、なぜ先生は、これほどまで、いろいろなことを教えてくださったのですか？」

「それは、あなたが私に多くの質問をし、私の言うことを実践し、上手くいけば喜び、失敗すればくやしがり、私に質問をし私の話を聞いてくれました。その４年間は、私にとってもとても幸せな時間でした」

「栗原先生が、幸せ？」

「そうですよ。私はあなたと同じ担任をしていて、あなたの倍近くのお給料をいただいているのですよ。そして、私があなたに話したほとんどは、実は私が先輩の方たちから学んだことなのです。あなたもこれから10年、20年と教職の道を歩んでいかれれば、きっとあなたを慕い、あなたの話を聞きにくる次の時代の若い先生がおられるでしょう。その時、少しでも私のことを思い出していただければ、それだけで私は幸せです」

　おいらの時の地区の研修は、年３回であった。一度は指導主事という方が、おいらの指導案と授業を見て指導してくださった。それはそれで有難いことであったが、おいらは勤務校の栗原先生はじめそれぞれの教科の主任の先生方の授業を参観さ

せていただき、多くのことを学ばせていただいた。

　おいらたち教師は、教員免許を持ち、採用試験に合格して教壇に立っているのである。

　昨今の新採用の先生方をみると、かわいそうでならない。信じられないのは、後補充とかの名称で、再任用の教師が新採用の教師の担任の代わりを週一日行い、新採用の教師は子供たちから離れ、研修とかを受けるわけである。

　もっと現場を信用してほしい。現場の先輩教師を見て、少なくとも３年間ほどは、徹底的に子供たちとの日々にかかわらせてあげたい。と思うのは、おいら一人ではないと思う。だったら、声をあげてそうしましょうよ。

　栗原先生は、今にして想えば、新採用のおいらの１年間、否４年間の研修担当の教師であられたようなものである。

　しかも、これは強制されたものではなく、奇跡的な出会いと運のなせるわざであった。

　素晴らしい先輩との出会いがあれば、クラスを空けての研修など勘弁していただきたい。

栗原先生との Tow Shot
令和元年、カフェ茅風にて

ここからは、前書の『おいらの夢は学校の先生！』を出版する際に起こった「栗原先生との、とても不思議な出来事」を記すことにする。

　実は、おいら、前回の書籍が出版された暁に、５年振りに栗原先生のお宅を訪ね、出版の報告に行くつもりでいた。

　ところが、その出版をまじかに控えた2023年1月6日、突然先生からお電話を頂いたのである。もちろん先生は、出版のことなど知る由もない。

　そのお電話は、先生が以前おいらのカフェに来店されて以来５年振りのことであった。そこで、おいらは「今月末には、栗原先生のことも書かせて頂いた書籍が出版予定で、出版の暁には、贈呈させていただくつもりでいます」とお伝えした。それを聞いた先生は、お電話口で号泣された。

　この出来事を恩蔵社長（壮神社）にお話すると「栗原先生95歳ですよね。できることならば、ご本人の承諾を得て実名で掲載されてはいかがでしょうか」と提案してくださった。さらに、栗原先生のお写真があれば、それも掲載したいという申し出まで頂いた。

　栗原先生からの突然のお電話と社長のアイディアで、当初仮名にしていた先生のお名前を実名にし、５年前ご来店頂いた際スマホで撮った写真を掲載することができた。

　実は、先日も栗原先生のご自宅を訪ね、１時間ほど懐かしい昔話をしてきた。栗原先生は、御年96歳。足腰も活舌も、とてもとても９０代の方とは思えないほど、お元気である。

　人生には、時々こうした不思議な、そして心温まる出来事が

起こるのだなー。

　もうお一人の大先輩についても記させて頂く。おいらは、音楽の時間、音楽室を利用するために子供たちと一緒に音楽室へ行く。すると教室の右手に別館の校舎がある。その3階に6年生の教室があり、子供たちが整然と席に着き、担任の大沢先生がゆったりとお話をされている。おいらも、いつかこんなふうに落ち着いた授業ができるのであろうかと思ったものである。

　実は、この大沢先生とは、出会って40年経った今でも毎週お会いしている。何故なら大沢先生も、かれこれ20年ほど前からおいらの道場に通われているのである。すなわち、おいらのお弟子として。しかも、道場からの帰り道は、夜9時に道場を出てから自転車でご自宅まで1時間かかるのである。　人生、摩訶不思議である。

栗原先生のご自宅にて

3. はじめての卒業生

　おいらの教師2年目は5年生の担任となり、3年目は5年の時のクラスをそのまま持ち上がり、6年生の担任となった。

　初の卒業生を送り出す前夜、おいらは、アパートで一人暮らしをしていたが、最後の学級通信を書きながら、自分でも驚いたが涙が止まらなくなってしまった。2年間気がつけば当たり前のように過ごしていた子供たちと明日で別れることになる。ということが、学級通信を書きながら、ふつふつと湧き上がってきたのである。

　こんな気持ちになる。しかも、それが今のおいらの仕事である。こんな感激的な仕事などそうはないであろう。

　その時の卒業生も、今では51歳である。先日、51歳になった教え子3人に当時の思い出を認めてもらった。

○諸橋剛さん
（どんな先生だったか？　第一印象は？）
武闘派、体育会系、眼光鋭く、目力が強い。
怖いかも？　から一転、体験を通した話が面白く真剣に聞き入るようになっていった。辛かった事やどんな子供だったかなど。
授業も独特なことが多く、むしろ普通の授業をされると物足りなさを感じるほどだった。生活に役立つ雑学的な情報を子供と同じ目線で知っている色々なことを教わった。例えば蛍光灯は、はじめのチカチカが一番電気代がかかるとか。今で

も覚えているくらいだから、子供心に「へ〜！」って思った
のだと思う。

對木先生ならではの中国拳法の体育の授業も思春期に入り始
める頃の自分達には、その真似事が少し恥ずかしがったり照
れてはいたが、やはり忘れない楽しい想い出です。好きな女
の子が隣で照れくさそうに拳を伸ばしている姿が印象的でし
た。（笑）

何より一番の教えは、クラスの黒板の上に掲げてあった「で
きるまで、やってみよう」は、私だけでなく、クラスの多く
の級友が影響を受け、粘り強く頑張ろうと育てられたのでは
ないかと思います。今でも我慢強く、粘り強く頑張れる人間
になりたいと思えるのは、そのおかげだと思います。できて
いるか、いないかは別にして（笑）

○コロ助さん

私の小学５〜６年生の思い出は楽しいものであり、現在に
も繋がっているものでもあります。

對木先生の授業は、脱線ばかりで勉強をした記憶があまりあ
りません。ただ、授業を楽しくするために「大学みたいにし
よう」と座席を弧を描くように配置したり、先生自作のマイ
クが登場したり、飽きる事がなかったように思います。

２年間続いたのは、クラス目標の「できるまで、やってみよ
う」と日記です。

日記は、毎日書くのですが、週末に提出して、月曜日に戻り
ます。先生のコメントがいつも楽しみでした。一人で悩んで

いた事も日記を通して聞いてもらいました。この日記は、今でも大切に持っていて、時々見返すとその頃の事を懐かしく感じます。今では、我が子にその日記を見せたり、その頃の話をすることもあります。

私たちが大人になった今でも、先生はあの頃のまま、チャレンジ精神旺盛で困難にも負けず新しい道を進む先生。

今でも、尊敬しています。

○加藤芽衣さん

對木先生に担任をしていただいた小学校の5〜6年は、とても印象深く楽しい思い出になっています。

中国拳法を覚えたり、授業を脱線して話してもらった先生の経験や雑学は、今でも覚えていることがあります。（富士山の頂上は、太陽に近いのになんで寒いの？　とか、味の素が売れるようになった方法等々）常に新しいことを経験させてもらっていたように思います。毎日書いて提出していた日記も思い返すと友達に話すような感覚で気取らず飾らずに書いていたので、書くことが楽しかったです。

私たちと同じ目線で何でも一生懸命に過ごしてくれる先生は、今まで習った先生とは違い先生らしくない先生！？　だったかもしれないですが、いろいろな学びを教えていただいたと思います。

卒業して大人になってからも、小学校に遊びに行ったり、太極拳の道場を見学に行ったり、一緒にゴルフのラウンドをしたり、先生の喫茶店にお茶しに行ったりと、お会いするとあ

のころに戻ったように過ごせて嬉しいです。

　39年前の小学校6年生。現在51歳の初めての卒業生3名の現在のコメントである。

　年齢で、いえば12歳と27歳だった教え子と教師が、今では51歳と66歳。やはり教え子と教師である。そして、こういう関係でいられることが幸せである。こんな仕事？　あまりないでしょ。

　それから、やはりおいらは、かなり毛色の違った教師のようであった。逆を言えば、こんなおいらでも教師になれるということである。教師になって良かった。この子らに出会えて幸せだったとしみじみ思える昨今である。

○保護者（父親）からのお手紙
拝啓
新学期も始まり毎日お忙しくお過ごしのことと思います。
小学校時代は、信二郎も含めて、3年間ありがとうございました。
良い先生に出会うことは、本当にすばらしいことだと思います。息子達はこれからたくさんの良い先生やお友達をつくって、元気に勉強をしてほしいと願っております。
信一郎は、4月11日に入学式がありました。上級生が作ったパネルをバックに先生方の合唱や上級生の太鼓、民舞、合唱などが行われました。信二郎は、4月5日から電車とバスで元気に通っています。

先生も毎日お忙しいことと思いますが、お体を大切に元気で
がんばってください。　　敬具

　初めて卒業生を送り出してから、数か月後のある父親からの
お手紙である。このお子さんの弟を新採用で2年生の時、翌
年5年生のお兄ちゃんを受け持ち卒業させた。
　このお子さんは心臓に病があり、高校生になるころ手術が必
要とのことで一家で引っ越し、大学の附属中学へ入学しました。
それから数年後、ジャカルタへ海外赴任中の私の元に、信一郎
君の級友から一通の訃報が届きました。
　まじめで落ち着いた素直な良い子でした。なぜ、彼は10代
で旅立たなければならなかったのでしょうか？　すでに、35
年の歳月が過ぎましたが、卒業半年後の同窓会で、自前のビデ
オカメラで写した彼の姿そのままで脳裏に刻まれています。お
父様からのこのお手紙は、今でも大切にもっています。
　教師をやっていると、楽しいこと、嬉しいこともたくさんあ
ります。でも、悲しいこと、どうにもならないことも、数多く
経験、体験するものです。それら全てを含めて、人生の縮図な
のでしょう。
　おいらは、彼に担任として、何ができたのだろう？　もっと
おしゃべりしてあげればよかった。もっと、ほめてあげればよ
かった。時が過ぎて今、思うことである。

4. ジャカルタって、どこ？　日本人学校：海外赴任の経験

　教師になって5年目。おいらはインドネシアにあるジャカルタ日本人学校に赴任することとなった。

　日本人学校の存在は、小学校の教師になってから初めて知った。世界各国で暮らす日本人の子供たちが、日本に暮らす日本人の子供たちと同様の教育を受けることができる学校。その学校には、日本から教員が派遣される。

　おいらは「日本人学校の教師として海外赴任してみたい」と思った。日本国内で3年の教職経験を積めば、日本人学校の教師に志願できる。ただ、赴任国の希望は出せない。つまり、世界のどこに行ってもいいという覚悟が必要だということ。友人の中には、おいらの夢に反対するようなことを言ってくる人もいた。

「せっかく転職して教師になったのに」とか、「どこの国へ行くことになるかわからないのに、わざわざ希望しなくても」とか「治安とか、健康面が怖くないの？」とか。

　でも当時のおいらは、誰が何と言おうと志願する気持ちは変わらなかった。もちろん、おいらのことを思って言ってくれていることはわかっていたが、おいらはそれらの人に「日本にいたっていつ死ぬかなんて分からないし、だいたいどこの国に行こうが、そこに日本の子供たちがいるんですよ」と。

　1986年1月、体育の授業をしていると、校長に玄関から大声で呼ばれた。

「おい、受かったぞ。日本人学校。ジャカルタだ」

「ジャカルタって、どこですか？」

「知らん」

　インドネシア？　常夏の国？　　インドネシア語？

新年早々、ジャカルタ日本人学校への派遣が決まったおいらは、1月下旬から1週間の研修が筑波であった。4月から海外へ旅立つ教員365人が日本国中から集結した。

　記憶に残っているいくつかを記す。ジャカルタ日本人学校派遣15名。すぐ近くのシンガポール日本人学校、同じく15名。ただ、ジャカルタは、全て男性教諭。シンガポールは7名が女性教諭。何故だ？

　常夏で、厳しい気候なことは予想できるが、環境もかなり厳しそうだ、と噂が出はじめた。研修後半、決定的な出来事があった。それぞれの国々へ派遣され、すでに帰国された先生がたがそれぞれの国の事情を話してくださったのである。

　今からおよそ35年前、まだそれほどホームビデオなど普及しておらず、ほとんどの方がネガでの投影であった。365名全員で聴講するのである。ある国の紹介では、黄色っぽい少し泥水っぽいプールのようなところで子供たちが泳いでいる。そのナレーションである。

「皆さん、きたないと思われるでしょうが、慣れれば何でもありません」と。

　ジャカルタも2つ覚えている。

「鉄棒の授業は、1・2時間目しかできません。それ以降は熱くてさわれません」それから「影踏みは、できません。影がありませんから」

　これらに反して、確かヨーロッパのある国の紹介。
「皆さん、何の心配もなく赴任されてください。特に奥様方は、本物の芸術にふれられる３年間となることでしょう」
　この時点で、ジャカルタ赴任のおいらたちの中では、文科省は、どうやって赴任国を決めているのかが話題になった。
　ある先生が「對木さん、趣味の欄、何て書きましたか？」
「拳法」
「そりゃ、ジャカルタだわ」
　派遣される州ごとに、名札の色が違う。
　休憩時間にヨーロッパ諸国の先生のところにいって、趣味をどう書かれたか、聞いてみた。
「レコード鑑賞」
　なるほどなるほど、そうだったのか。否、もう一つ分かった感じたことがあった。
　ヨーロッパへ派遣される先生がた、顔つきが何か穏やかで、おっとりしているような。それに比べて。まさか、まさか顔で決めているわけでは？」
　真相は、未だ不明である。
　おいら、何故ジャカルタなのだろう？
　ジャカルタがいいも悪いもない。全く知らない未知の国であった。ただ、余り良い期待は抱けなかったが、ドキドキわくわくしていたことだけは事実である。
　飛行機の中で、覚えたインドネシア語は、１から10までのサト、デュア、ティガ……だけであった。
　実際に志願し、試験を受け、文科省からインドネシアへの赴

任の知らせが来たときには正直、戸惑った。

「インドネシア！？　全く知らない！　どうしよう！　でも、もう行くしかない」

　海外赴任には、日本で生活していれば、まず経験しないで済むであろう「大変な出来事」がある。一方で、日本で生活していればまず経験しないであろう「素晴らしい出来事」もある。

　おいらはどうも嫌なことは早く忘れ、良いことはいつまでも覚えているようである。

就任3年目のときに作られた記念下敷き

5. ジャカルタ日本人学校

　JAKARUTA JAPANESE SCHOOL（JJS）に赴任した。小・中合同の児童・生徒数合わせて1千名ほどの大規模校である。

　JJS（ジャカルタ日本人学校）は、小学校、中学校が一緒で、おいらたち教職員も同じ職員室であった。生徒数は小・中合わせて1.000名程度であった。

　印象に残っていることとして、日本でいう所の校務さん（日本では、通常男女で2名）が30名ほどいました。ボーイさんと呼ばれ、現地採用のインドネシア人の若い男の人達でした。

　コピー機に2人。体育館に6人。プールに4人等、学校敷地内の各所に配置されていました。入学式・卒業式等の椅子並べ等もやってくれる。日本の学校もこんなだったら、どれほど…

　運動会の応援合戦も凄かった。教師は、あまりかかわらない。中学生のお兄さんお姉さんがある意味仕切る。小学生は、心底驚きと尊敬のまなざしで参加する。

　それから、各学年4クラスで4色であったのであるが、4色対抗リレーは脳裏に焼きついた。よ〜いドンが小学校1年生で、2年生、3年生とバトンが引き継がれ、ゴールは中学3年生である。見ごたえたっぷりのリレーであった。

　また、休暇にも素晴らしい工夫がなされていた。常夏の国である。赴任してから帰るまで夏である。3年間で、12年分の夏を経験するのである。1年間の授業日数は変わらない。夏休みは日本の半分、8月1日〜8月20日の20日間である。そ

の代わり、5月のゴールデンウィークのあとに続けて 10 日間の休み。それから秋の運動会の後に続けて 10 日間の中間休業という名称の休みがある。先輩たちが残してくれた、常夏での一工夫です。

　教師は子供たちと学習活動をするばかりではない。多岐にわたる多くの事柄があるのである。

6. 日本人学校での1・2年生の授業

　そこでおいらは、小学校2年生の担任になった。4クラスあり、東京、京都、長崎、そしておいらは神奈川、この4県から派遣された4名である。

　そこで、社会科の学習について、教材は自分でつくると面白い。本当に面白い。

　各教科には、指導要領というものがあり、小学校2年生、社会科、乗り物で働く人々（現在は、小学校1,2年生には、社会科、理科の教科はなく生活科となっている）においては、基本、次の2項目を抑えることになっている。それは、

　　○時刻通りに運行している。

　　○お客さんの安全に気をつけて運行している。

　だから日本では、それぞれの地域の特性に応じてバスを教材としたり、電車を教材としている。

　この2項目をおさえられれば、どちらでもよい、他でもよい。さっそく、ジャカルタで生活しているのだから、インドネシアのバスを教材として学習をすすめようと街に出た。

　ジャカルタには、電車はほとんど通っていないが、多くのバスは走っていた。

　結果は、今となっては笑い話であるが、まずバス停はあるが、時刻表などない。地元の人々はいつくるかわからないのに、おしゃべりしながら待っている。

　次に安全面でも唖然とした。ドアが開いたまま走っているのである。日本で教育活動をしていれば、こんなことで悩むこと

はまずないであろう。でも、なんだか楽しかった。

　学年の先生方と街にくりだし閃いた。というか子供たちにとって、うってつけの教材があった。スクールバスである。ジャカルタ日本人学校の子供たちは、スクールバスで通学している。

　スクールバスは、毎日時刻通りに運行しているし、担当のバスイクットといわれる、子供たちの安全面の配慮をするお母さん方も乗車されている。

　この教材化のなかで、もう一つこれはおいらたちの先輩の方々が工夫されたとの記録があったが、スクールバスでの登校は、朝の6時半と早かった。

　これにはこんな理由があった。ジャカルタの朝の交通渋滞は激しく、この国にお世話になっている日本人は、できるだけインドネシアの方々へご迷惑をかけないための一つであった。

　海外に赴任するという言葉があるが、これは、裏をかえせば、赴任する国にお世話になるということである。

　赴任当初、先輩から言われた言葉がある。「お世話になる。縁あって、インドネシアにお世話になるという気持ちを持ち続ければ、きっと素晴らしい日々になりますよ」

　ここで、JJSの小学1年生の担任をしていた（長い教員生活の中で、1年生の担任は、この時のただ1回のみ）おいらの授業。「おうちのひとの仕事」の授業参観での一コマ。

　　○お父さんは、日本のお父さんと同じで、朝、会社に行く。
　　○ぼくたち、おいらたちも朝起きて、学校へ行く。
　　○でも、お母さんは、お料理をテュティにやらせて、お掃除はコキにやらせてずるい。

　ここまでで、授業の半分を終えた。
　　○お母さんは、本当にずるいのか？
　そこでおいらは、後ろで参観されているお母さん方になげかけた。
「どなたか？　お母さん方は本当にずるいのですか？」
　あるお母さんが
「みなさん。お母さんたちちっともずるくなんかないですよ。日本にいたときのほうが、よっぽど楽でしたよ。そう、ここは日本でないから、子供たちが病気になったらどうしようとか、日本の例えば季節のことだったり、インドネシアにはないたくさんの事柄をどう教えようとか、いろいろ悩んでいるんですよ」

7. 海外生活の中でのエピソード

　ここからは、そのインドネシアで体験した忘れられないエピソードを記したい。

　インドネシアのおいらの家の裏には、現地の人々の家が100軒ほどあった。そして、おいらの家の裏の空き地では、現地の大人たちが毎日バレーボールを楽しんでいた。

　高校時代にバレーボールを少しやっていたおいらは、片言のインドネシア語で彼らの輪に入っていった。言葉は通じなくても、一緒に身体を動かすと、関係性はより近いものになる。

　彼らが使っていたバレーボールがあまりにもボロボロだったので、おいらは校長に話し、学校からバレーボールを一つ寄贈してもらうことにした。彼らはとても喜んでくれた。

　そんな折、おいらの同僚の家に強盗が入った。同僚の命は無事だったものの、新聞に載るほどの事件として、大きく取り上げられた。さすがのおいらも怖くなって、彼らに相談した。すると彼らは、おいらの家の屋根の上にサイレンの鳴るスピーカーをつけるようにアドバイスしてくれた。

　もしおいらの家に強盗が入ったら、寝室にあるスイッチを押すと、サイレンが鳴って彼らが助けに来てくれるというのである。日本人のおいらを、インドネシア人の強盗から、インドネシア人の彼らが守ってくれるのである。

　有難いことに3年間、彼らに世話になることはなくすんだが、そんな彼らとの別れの時。

　3年間の海外赴任を終え、おいらが日本に帰る直前、彼らが

「さよならパーティー」を開いてくれた。

　その時、彼らのうちの一人が、バレーボールをおいらに見せてきて、こう言った。

「ミスター對木、これ覚えている？　これミスター對木に３年前にいただいたボールだよ」

「バレーボールの後、持ち回りでそれぞれの家に持ち帰って磨いていたんだ」

　同僚宅に強盗が入った話には続きがある。その同僚は、東京から赴任されたばかりの先生であった。強盗といっても、手口はとても手荒なもので、彼らはトラックに乗ってやって来る。

　侵入口は、ドアではない。なんと、屋根を壊して入ってくるのである。そして、家具そのものを運び出して行ってしまうのである。まるで、引っ越しそのものである。

　もちろん、同僚は、警察に通報した。ただ、警察は簡単な事情聴取を済ませたのみで、これといった対応をしてくれなかったらしい。

　この経験から、日本で何も考えずに毎晩寝ていた自分がなんと幸せなことであったかと身に染みた。また、「昔の戦国武将は、いつ襲われるか分からない中、こんな感じで寝ていたのかな」とも思った。

　さて、この話にはとんでもない落ちがある。

　おいらが住んでいた家から車で数十分のところに大きなマーケットがある。マーケットと言っても建物があるわけではなく、それぞれゴザを敷いて、その上に商品を並べて売るというスタイルのもの。

ただそのマーケットは、別名「泥棒市場」とも呼ばれていて、どこからか盗んできた物を売っている輩も中にはいるらしいという噂があった。

　さて３年間の赴任を終え、いよいよ帰国を目前にしたその同僚。帰国前に行われるインドネシア大使館でのパーティーに着るためのスーツが必要だなーと思いながら、何気なくそのマーケットを訪れた時のこと。あるお店の前で、自分が赴任した時に持参した新調のスーツにとてもよく似たスーツを目にした。

　それは、あの強盗たちに持っていかれてしまったもの。「まさか」と思いながらも、よーく見てみると、胸の裏の所に自分の名前の刺繍が。もちろん、彼は盗まれたそのスーツを、お金を払って買うことにした。警察には通報することをせずに。(笑)

　次に、メイドさんたち等のことである。３年間の海外赴任で、日本にいては、まず経験できないことに、メイドさん（コキという主にお掃除をしてくれる子とテュチという主に料理をしてくれる子）とソピル（運転手）の存在がある。

○メイドさんと運転手さん

　ジャカルタに赴任したとき言われた「インドネシアという国にお世話になっているということを忘れないことです」と同じく「家にいるメイドさんは、教え子だと思いなさい」つまり、小学校低学年の子供ということである。

　簡単にいうと、海外に住むということは、日本にいたら絶対経験しない、できないであろう素晴らしい経験・体験と、日本にいたらまず、経験・体験しなくてすむとんでもないことがあ

る。海外生活には、天国と地獄がある。とおいらは思っている。

　おいらたち、日本人が住んでいる家は、デニーズのようなものを想像すればいいと思う。おいらの家でいえば、部屋が7つに、キッチンの床は大理石で、家の中と中庭には池もあった。この敷地内のかどに、メイドさんが住む部屋がある。ソピルという運転手さんは、通いで家まで自転車通勤していた。

　大方の日本人は、自分が住む家を見てそのあまりの豪華さに絶句する。でも、1週間もすると慣れてしまうものである。

　さて、ここからメイドさんの話である。メイドさんは、テュチィとコキといって、お料理担当の子とお掃除担当の子に分かれる。ほとんどの子が、地方から都会に来た20歳前後の女の子である。日本で今いう格差社会どころの話ではない。

　大抵の日本人は、3年～5年の赴任中に、このメイドさんを2～3回代えるという。自分たちの思い通りにいかなくなるからである。

　おいらの赴任中の一番の自慢は、メイドさんもソピルも一度も変えなかったことである。

　こんなこともありました。日本から、新品の料理用の包丁を持ってきました。ある時、庭木の枝を切っておくように頼むと、何とその包丁で切っているのです。その光景は、普通なら怒鳴って叱咤するところでしょうが、ぐっと我慢して、シティ、カトミー、ちょっと来てと呼び「これは、お料理専門でキッチンで使うもので、庭の枝木はあのカマで切るのですよ」と小学校低学年に言い聞かせるように、つたないインドネシア語で伝えた。

すると、素直に謝ってくれた。このシティさんは、遠いスマトラ出身である。忘れられない出来事がある。おいらは３年間の海外赴任としてこのジャカルタに赴任していたが、３年目には、妻が日本で出産をすることになり、ひとりで１年間ジャカルタで暮らすことになった。

　ちょうど丸２年を終えようとしていた時、シティさんのお父さんがスマトラから見えられた。それまで、おいらも知らなかったのだが、シティさんはスマトラで既に既婚者であったが、数年前ご主人をバイクの事故で亡くされたとのこと。そして、お父さんが、新しい良い青年がいるからスマトラへ帰ってきなさい、ということであった。それに対してシティさんは、

　「お父さん、私は對木さんのところで今まで２年間働いて、對木さんはあと１年で日本へ帰ります。２年間とてもよくしていただいたので、あと１年、ここで働いてからスマトラへ帰ります」と言った。

　国が違っても、立場が違っても言葉が違っても同じものがある。それは、人としての情である。多分シティさんは、スマトラで学校など、ろくにいっていないと思う。だけど、人として相手を思いやるという人として一番大切なものをしっかりもっている。

　運転手のことをソピルというが、名前をアーソリといった。アーソリは、おいらを待っている時、よく地べたの蟻んこを見ていた。アーソリさんは、英語が話せる。前に仕えていた方の言語が英語だったとのこと。この事は、いいようで困ったことでもあった。奥さん方は、メイドさんやソピルとインドネシア

語で話さなければならないので、すぐに昼間ジャパン・クラブでインドネシア語を習う。

　それに対して、おいらたちはJJS（ジャカルタ日本人学校）に朝入ってしまえば日本の子相手の教育活動なので、インドネシア語は話せなくとも困らない。が大抵の人は、家に家庭教師を呼んで、インドネシア語の習得に励んでいた。

　おいらはやらなかった。なぜなら、おいらは英会話なんぞできないが、ゴーツースクールとアイム　ゴーイング　ホームでことたりたからだ。

　アーソリさんがある時、息子が専門学校へ行くことになったので、少し祝いをくれ。というので、それに応えた。それから、数か月後、今度は赤ん坊が生まれたので、という。
「アーソリ、嘘をついちゃだめだよ。このあいだ、息子さんが専門学校へ入ったと言ったばかりじゃないか」
「ああ、あれは1番目のワイフで、今度は2番目です」

　奥さんが二人いたのか。経済的に可能なら4人まで許されるとのこと。そういえば、デビ婦人もたしか。

　インドネシアの男女平等って、なんなんだ。

村八分という言葉がある。たぶん江戸時代に生まれた言葉であろう。ではあとの二分はいったい何なのか、ご存じだろうか？

　一つは火事である。いくら八分無視した相手であっても、火災がおきたら皆で協力して消さなければ、自分達も大変なことになってしまう。

　もう一つは死んだ時である。日本人の死生観なのか、どんな相手であっても亡くなったら許す。

　それがいいことなのかどうかは、おいらにはわからない。ただ、帰国間際の時に親しくさせて頂いた大使館勤務の方から、次のような言葉をきかされた。

「對木さん、日本はやはり島国で単一民族なんですよ。もちろんその良さもたくさんあるのですが、私の知る限り、時々日本人学校に赴任されていた先生方、自分が海外赴任していたことを隠すんですよ」

「なぜ？」

「帰国した時点で、赴任するまでの日本の仲間は、もう仲間ではないのですよ。例えば、赴任中に経験したことを、良かれと思って話しますよね。すると、さすが、海外赴任された方はおっしゃることが違いますね」と言われます。

　すなわち、生きにくいのである。まわりと違うことをしてしまうと。

「では、私も帰国したら日本人学校のことは、あまり話さないほうが？」

「いえいえ、對木さんはどんどん話しなさい。大体、話さないと我慢できないでしょう。みんなと違っていいんですよ。あな

たの授業を見させていただいて、あなたが子供たちに伝えていたじゃないですか」

　おいらの自作の授業を見ていただいたのだ。

「みんな違って、みんないい」

　これは、日本全国、小1から高3まで、いつでもいきなり1時間の授業ができる国際理解教育の観点から作成したものである。

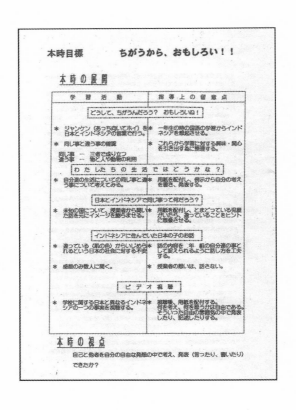

総合的な学習の時間（国際教育：今日的課題の人権＆国際理解）

支援者　對木　佳

1．日　　時
2．場　　所　　　第　学年　組　教室
3．単 元 名　　**ちがうから、おもしろい !!**
4．単元目標　・自らの生活を振り返ることにより、普段あまり意識しない
　　　　　　　　であろう自己と他者に対する意識をもつ
　　　　　　　・未知の国の人々に対する、自分なりのイメージをもつ
　　　　　　　・他者（人・物・事）を知ることにより、自己の考えを深める
5．単元設定にあたって
　　子供達は、国際社会に生きる地球人として活躍していく時代になった。現在山積
する地球規模の問題（・平和・人権・環境・資源保護等、多種多様の内容）は、人
類が共存していく上に大きな課題として、私達に提示されている。子供達には、今
後、社会の成員として主体的に選択、判断、行動がとれる主権者としての力のある
人であってほしいと願っている。
　　今回、総合的な学習の時間や道徳、特・活の時間を用いて、国際教育（国際理解
教育と人権教育を意識）の単発の一時間の授業（国際教育の・補充・深化・統合）を試
みることにした。そこで、「個性豊かな自立する子供」について見据えていきたい。
人権教育を意識すると、その為の生きる力を育むためにはどうしても「個性豊かな
自立する子供」を見据える必要がある。「教育の個性化」とは、「個性を生かす教育」
すなわち、「個を生かす教育」のことである。私達は、ともすると「個」を捉える
時、大人の社会的常識や尺度による価値基準の設定をしてしまいがちである。「個」
とは本来、本人の認識に基づくものであって、決して他律的に規定されるものでは
ない。自らの意志や意欲を方向づける主体が「個」である。「個を生かす教育」と
は、子供達一人一人が「認められていることを意識できる教育」「自分自身の存在
を認識できる教育」である。「個」の存在の認識は、他が自分と違っていることへ
の寛容さをもてることが必要とされる。これは、自分自身に対して寛容になれるこ
と。すなわち、自らが「個」に寛容になった時、他者を受容することの関係が成立
し、相互による「個」の存在の確立が図られると考えられる。
　　私達は、まず目の前の子供達一人一人を、良さもまずさも含めて、まるごとかか
えることから始めたい。集団との関わりの中で、ともすると流され埋没してしまい
がちな「個」を保障していく上でも、子供を一人の人間として見て、認めていく教
育活動が必要となる。それは、関わる大人に認められていることを実感としてもつ

こと。その実感が子供の良い状態を生み出し、開放されたところで、より主体的に自分の力で、よりよく生きていこうとする気持ちを生み出していくと考える。

　自分達の良さをお互いに認め合う関係は、お互い居心地の良い状態の中で他を認める、やさしい人間関係の成立を実現していくと思われる。この認め合い学び合う集団の構成こそが、子供達一人一人の心を捉え、その育ちを確かなものにしていく。

　その中でお互いがお互いを高め合うことは、知的側面を学ぶだけでなく、個性や人間性などの情意面も学ぶところで、その子自身のもつ良さをさらに磨いていくことになる。人類の地球規模の確かな共存は、自らが自分を大切にし、自分の頭で考え、真に人間らしく生きていく姿勢や力をつけていく事。すなわち、「個」の確かな確立の中で実現・創造していくものであると考えるからである。感性的認識から始まった学習の中で、本質を捉え知的認識（科学的認識）さらには、実践的認識を相互関連的に高める学習活動になっていくことが、一つの学習の成立を図れたと言えるのではないだろうか。これを知的側面からの学習とみるならば、学習の過程の中での個と個の関わり、個性を尊重する関係での学習は、知的側面の高め合う場としてだけではなく、お互いの良さを認め合い、お互いに学び合う自己のもつ個性・人間性を高める学習の成立が、もう一つ目的的に学習の中に位置づけられていると考えてよいのではないだろうか。

　こういったような事が認められて、初めて「人権教育」が成立すると考える。

　そこでいよいよ本時である。私は、今回の授業を行うにあたって、そのヒントを３年の国語の詩の単元から得た。「私とすずと小鳥」である。その詩の最後の言葉が「みんなちがって、みんないい」で締めくくられている。

　私は、たった４５分の授業を次の様に大きく３つに分類した。

* 自己（自学級）の振り返り、同じ年齢、同じ先生、同じ様なものを食べ、同じ市に住み、同じ様な生活をしている私達。だけど、違うこともたくさんある。
* 日本とインドネシアについて、その大きく異なることを例示した上で、共通項について、イメージの中で想像させる。その上で、一つの具体的事例を提示し、自分あるいは、学級の問題として考えさせる。
* 一番身近である学校という存在について、ビデオ視聴をする。数人の児童の感想を聞くにとどめ、授業を終える。

　私の想いは、もちろんある。それを伝えるのも教育活動の一つであろう。しかし、今回の授業ではそんなことは枝葉の事であって、大切なことは子供達が、この時間をきっかけに何を考え、どんな行動をとるのか見てみたい。それが楽しみである。

結果論になるが、おいらにとってジャカルタでの３年間の海外生活は、何物にも代えがたい貴重な意味ある３年間であった。

8. 国立大学教育学部附属小学校

　おいらは、国立大学教育学部附属小学校に勤務することになった。附属小がどんなところかもろくにわからずに行ったのであるが、附属の教師も今までの公立小学校の教師も基本担任をするが、それぞれ専門の教科がある。

　おいらは、体育と国際理解教育を専門とした。体育はともかく、当時は国際理解教育の実践などほとんどなかった。

　ただ、勤務内容が激務そのものであった。車で往復3時間。家を6時に出て、帰宅はほぼ0時。4月1日の教官会議には、呆れた。この日は、仲間とゴルフの予定だった。

　9時から、教官会議が入ってしまったので、終わったらすぐに出迎えにいくよ、と仲間に伝えた。その日、教官会議が終わったのは、23時だった。

　その日だけでない。ほぼほぼ、やたら会議の長い毎日であった。万年睡眠不足で、よくも事故をおこさずに過ごしたと思う。教職の仕事は、意外に地味で孤独な仕事である。そして、こだわれば際限なく仕事はある。

　附属は、お互いに徹底的にこだわり抜いた教育活動の日々であった。仕事以外のことをする時間など皆無に近かったが、勉強にはなった。30代中盤での附属での活動は、本当に勉強になった。だからといって、肯定はしない。多くの犠牲の上に成り立っているのも事実である。

　今、公立小・中学校でもブラックと言われている時代。附属小の勤務は、どうなっているのだろうか。

公立小学校の子供たちと附属小学校の子供たちを見ていて、ここからおいらが公立小学校と附属小学校の教師として働いた経験からの私見を述べる。

　もちろん、今から述べることが正しいとは言わない。あくまでも、おいらの経験から得た私見である。およそ 30 年前、わずか 2 年間であったが、その時のおいらは毎日 0 時過ぎに帰宅していた。何をしていたのか？　仕事をしていた。附属の教師は、それぞれが研究教科をもって赴任する。おいらのそれは、体育と国際理解教育だった。

　附属では、子供たちに教え込むということをあまりしない。一つの具体的な事例を挙げると、ある時学校にひつじさんがやってきた。本物のひつじさんをみんなが見学をした。そしてその後の授業である。国語が専門の先生のクラスは、ひつじさんの様子を作文で書いた。

　図工が専門の先生のクラスは、ひつじさんを絵で描いた。おいらのクラスは、「ひつじさんになって動いてみよう」と体育をした。

　おいらは、小学校のうちから強制的な学習はしないほうがいいと思っている。おいらの附属での教え子は、40 人。日本人学校は、90 人ほど。公立小学校が 800 人ほど。ただ、附属の子供たちは、世の中で言われている偏差値の高い学校、東大・早稲田・慶応・等に、ほとんどが合格している。

　附属の子たちは頭がいいから？　それは、違う。附属小の児童は付属中学に全員が入学する。ただ、公立小から試験を受けて附属中学に入学してくる子たちもいる。

　中学入学当初の偏差値は、試験を受けて入ってきた公立小出身の子供たちのほうが、断然に高い。ところが、中学校に上がってしばらくすると、付属小出身の子供たちが高校入試というものを意識し始める。ここで腹をくくって試験勉強をし始める。すると、飛躍的に偏差値が上昇するのである。

　これは、小学校時代に強制的な学習ではなく、自ら課題を持ち、体験的な学習を積み重ねてきたからだとおいらは思っている。つまりおいらが言いたいのは、記憶して再現する学習は、いつからでも取返しがつくのでは？ということである。おいらは、25歳で取り返したと思っている。だけど、取り返すことのできない学習もあるのです。

○附属の親からのお手紙
　次のお手紙は、4年生の時に担任をした教え子のお母さんが、中学の卒業式に下さったお手紙の抜粋である。

　ご無沙汰いたしております。9年間の附属生活に別れを告げる日がやってきました。
　4年生の時でしたか…
「あの子は、今が岐れ路です。これから、すばらしい子になっていくか、とんでもない方向に向かっていくか…」と、先生が仰言った言葉を今思い出しています。
「とんでもない方向」とは、決して悪い意味ではなくて、普通ではない路で、何かをするという意味で理解しておりました。

というよりまさに先生の仰言る通り、私には予想だにしていなかった

〜中略〜

卒業式、娘が１年生（小学校です）からお世話になった先生方や娘を見守ってくださった友人・父兄のお顔を思い浮かべながら、涙してしまうだろうなぁと、想像しております。世間一般（日本独特のぬきがたい保守的な、という意味で）の価値基準とは全く異なったところで、娘を見つめ育ててくださった對木先生に出会えたことは、今あの子が「内申点や目先のテストの点なんかで人を判断なんかできないよ」という考えに至り、先入観抜きで、友人たちの持つ才能や力量を認め、自分も「内申点なんかで判断されてたまるか」と意地を見せる素地を作ってくださったこと、ありがたいと心から思っております。

卒業にあたりまして、私の心からの感謝をお伝えしたいと思い筆を執りました。

ありがとうございました。　　　　　　（附属小　榊　玲子）

　次のお手紙は、今まで数えきれないほどのお手紙を頂いたお母さんからのお手紙である。今では、おいらの太極拳のお弟子さんでもある。

　行事がたくさんある附属小に満足しているこの頃です。そして、年明け、１月27日28日には、大規模な研究授業があるとの事。そして、對木先生は、国際理解の研究授業をなさ

るとのお話で、子供たちもがんばってくれたらと思います。
国際理解の第一歩は、まずその国の事を知る事だと思います。
情報社会の今日、地球は益々狭くなり、近い将来には地球国
家になりはしないでしょうか。

この小さい中で、相変わらず貧富の差、戦争など際限もなく
続いています。今、子供たちに国際理解教育で他の国を知り、
交流を持つことは、人間、平等であり、人間を知るうえで、
とてもこれからは、大事な大事な教育であると思います。

　　　　　　　　　　　　　　（附属小　小笠原　由乃）

○国際理解教育とは

　では、ここからは国際理解教育について述べる。なるべく簡
単に、おいらの実践を交えて。

　学校と塾の違いは？　何でしょう。ほとんどの物事には、目
的・ねらいがある。塾の目的は、大方入試に打ち勝つ学力をつ
けることだろう。入試がキーワードになる。だから、体育や道
徳などは学習しない。

　では、学校とは？　子供たちは、家庭・社会・学校で育つと
よく言われる。ここから丁寧に書きますから、よく考えてくだ
さい。

　この50年〜100年の間、一番変わったところは社会である。
家庭もかなり変わった。ポジティブに表現すれば、便利に豊か
になった。半面、心はどうなのか。

　では、学校は？　最近、ようやくPCなど導入されてきてい
るが、家庭・社会ほどは変化していないだろう。この学校の成

り立ちは、おおまかに次の3本の柱で成り立っていた。それは、各教科・特別活動・道徳である。

　この3本の柱が、今では4本の柱になっている。それが、(総合的な学習の時間)なのです。優しく丁寧に書きますから、よく考えてみてください。何故、世の中が目まぐるしく進歩したのに、学校に柱が増えたのか?

　実は、少々乱暴に言えば、元来、この総合的な学習の時間は、放課後の子供たちの遊びの中にあったのです。この放課後の、学年を問わず自然発生的に営なまれていた遊び・学習が、総合的な学習の時間なのである。

　各教科と決定的に異なるのは、統一の課題がないということと、教科書もない、ということです。

　課題は学習者自身が設定するのである。5年生だから、日本中どこの小学校でも台形の公式の学習をするのではなく、高校生でも中学生でも小学校4年生でも自ら設定したのであれば、同じ課題でもいいのです。

　自ら課題を設定し、困難を乗り越え課題達成を目指す学習である。この学習の小学校での1番難しいことが、この課題設定である。

　この総合的な学習の時間で、国際理解教育を行うと、例えば何でもよいのだが、おいらの場合は次のように学習を展開した。

　子供たちと出会った4月から、事あるごとにおいらの大好きなインドネシアの話を子供たちに話してきた。しばらくすると、子供たちはインドネシアという国に興味・関心をもつようになる。ここで、常に子供たちに日本の存在も意識させる。

　インドネシアと日本の関心が高まってきたところで、日本とインドネシアを比べてみよう。という学習へと展開していく。そして、ここからが大事である。自分は、いったいインドネシアと日本の何に興味を持ち、何を学習していきたいのかを考えさせる。

　すると、これまでの経験から、次のようなものが出てくる。それは、言葉・遊び・食べ物・気候などである。同じ課題をもった者同士がグルーピングしてもいいし、独りで学習を展開しても良い。

　例えば、食べ物を課題としたグループでは
「先生、なぜインドネシアの方たちは、食べ物に多くの香辛料が使われるのかがわかりました。香辛料には、食欲をそそる成分があるのです。私たち日本人は、夏に暑いからと言ってそうめんや水物ばかり食べていると夏バテしますよね。でもインドネシアはずっと夏ですから、夏バテできないんですよ。ですから、身近にあった香辛料を使うことによって、体調を保ってきたのだと思います」

　この学習から＜人間は生まれてくる場所や環境を選ぶことはできない。でもそこにある環境の中から、いかに心地よい生活をしていくかの工夫をしている＞ということに気づく。

　もう一つの具体的実践としてこんなこともあった。本来、教師は自分の知識・理解までに子供たちを高めることを意識するが、この総合的な学習の時間は、教師の想いを乗り越える。

　具体的に日本とインドネシアの果物についての学習を進めているグループの出来事である。

「インドネシアには、果物の王様といわれるドリアンと女王様といわれるマンゴスチンがある。私は、インドネシアに在任中、毎朝、マンゴスチンを食べていました」と話していました。

　すると「先生、私たちもマンゴスチンが食べたい。今、教室でみんなと」

「いや〜、それは無理だよ。日本には売っていないし、みんなが、将来南国へ行った時に食べてみて」

「嫌です。今食べたい。先生、あそこにカレーショップあるでしょ。この前、家族で行った時、マンゴスチンゼリーっていうのがありました。先生、食べてきてみて」

　これが、総合的な学習の面白いところである。はるかに教師の発想を飛び越える。

　そのお店に行くと確かにマンゴスチンゼリーがあった。注文して食べると、それはマンゴスチンの香料を使ったゼリーであった。

　店長といろいろな話をすると、彼はこの学習に大変協力的になってくださり、神戸港にマンゴスチンが入り、そこからある市場に入荷され、ほとんどは高級料亭に売られるという。

　おいらは、子供たちにおいらが知ることのできた事実のみを伝えた。すると、「先生、携帯電話貸してください」と。

　そして、市場に教室から電話して、マンゴスチンを手に入れる交渉をしだしたのである。その結果、勉強のために子供たちがんばっていることが伝わり、特別に100個まとめて、1万円で販売してくれることになった。

　ここまでの取り組みでも大したものであるが、子供たちは食

べることをあきらめなかった。

「先生、1万円ください」

「あのね〜、それは無理だよ」

「僕たちがこんなに頑張ってるのに。1万円あれば、食べれるのに」

「ごめん、いくらなんでも、それは無理だよ。教頭先生だったら、どうかな？」

　子供たちは職員室にまっしぐら、1万円をゲットしてきた。（もちろん、おいらはこの展開を見越して教頭先生と示し合わせていた）

　これで、何とおいらが1万円を持って市場へ行けば、あの果物の女王様といわれるマンゴスチンが100個手に入る。

　手に入れたマンゴスチン100個をとりあえず給食室の冷蔵庫で保管してもらった。

　子供たちに手に入れたことを報告し、どうやって食べるかの話し合いになった。結論は、31個はおいらたちと先生で給食の時間に、30個は家に持ち帰り、お家の人に。残りは職員室で先生たちで食べたら、ということになった。

　1・2年生の社会、理科の代わりに生活科というものが今はある。でも教科書がある。

　小学校4年生から、高校3年生までの総合的な学習の時間には、教科書もない。だからこそ。こんな教師の思惑を飛び越えるような学習が展開されたのだと思う。

　教室で、子供たちとマンゴスチンを食べた学習は、教師冥利に尽きた。

おいらは、この国際理解教育を次の３つの理解でまとめた。それは「自己理解・他者理解・相互理解」である。

　日本とインドネシアであれば、日本が自己になり、インドネシアが他者になる。自己は、よくわかっているようでいて、意外とわかっていない。他者を理解することによって、深まる自己理解もある。そして、それが相互理解へと繋がって行く。

　おいらは、インドネシア赴任中に学んだインドネシア拳法「シラット」の書籍を出版した。自分が本を出版するなど、全く考えたこともなかったが、貴重な体験をすることになった。

　実は、これも総合的な学習であった。つまり、ひょんなことから壮神社の社長に出会い、本を出版しようという具体的目標ができた時、書籍を出版するということが、おいらにとっての大きな課題となった。

　この課題を達成するためには、幾多の困難が待ち受けていた。

　　○本を出版するなら、もう一度インドネシアの師匠の元を訪れなければならない。

　　○ いつ、行くのか？　子供たちが夏休みの８月？

　　○ 費用は、どのくらい必要なのか？　どうやって、調達するのか？

　問題山積であった。それら一つひとつを乗り越えて、課題を達成する。すなわち、書籍を出版することを目指して努力した。

　本を出版することなどみじんも考えていなかったおいらは、社長から出版日をお聞きし、新宿の紀伊国屋へ行き、シラットの本を確認し少し離れた所から見守り、ある男性が手に取りレジにて購入するのを確認し遠くからお辞儀をした。

　本は、読むもの。よく考えてみると、書く人がいるから読めるんだ。という当たり前のことに気づいた。

　この出版の経験は、その後の TV 出演にもつながっていった。TV も出る人がいるから、見ることができる。

　本を書いたり（「インドネシア拳法シラット」基礎編）、TV（日本 TV たけしのスーパージョッキー）に出演するということは、かなり非日常的な出来事であり、ドキドキわくわくする経験をすることができた。

シラット基礎編から

日テレ、スーパージョッキーの台本

第3章

小学校の先生あれこれ

1. おいらのライフ・ワーク

　おいらは小学校の教師であったと同時に武道の世界にも身を
おいていた。そしてこのことが、結果的には仕事面においても
大変役立った。教師としてできることはたくさんある。

　おいらの場合は、武道というものを通して、教育活動のいろ
いろな面で考えさせられることが多々あった。その一端を述べ
ることにする。

　金融機関を退職して、再び師匠の元での稽古が復活した。
26歳の時、師匠より神奈川支部長として活動しなさいと言わ
れ40年。紆余曲折を経て、杖を突いて歩くようになった今でも、
毎週活動している。

　体験を述べる。16歳、高1の時に夢を見た。夢は、ぼんや
りと覚えている時とはっきりと覚えている時がある。その時の
夢は、会ったこともない知らない青年が「あとは、君にまかせ
た」と間違いなく言った。

　何をまかせたのか？　とにかくそれだけ。青年の顔も会った
ことも見たこともないが、この夢の中のことをはっきりと覚え
ていた。

　それから数週間後、級友が「今度の日曜日、映画のタダ券が
あるから見にいかないか？」と誘ってくれた。
「何の映画？」「燃えよ、ドラゴン！」「何それ？」「とにかく、
凄いらしい」

　初めて見たブルース・リー。まさしく夢に出てきた青年であ
った。パンフレットを300円で買った。なぜか、300円とし

っかりと覚えている。

　こういう格闘技をやる人は大きな人だと勝手に思っていたが、意外に小さく身長170cm、体重65kg。おいらと同じだった。

　この方は、何か一つのことに凄まじく努力をされた方だと感じた。夢に現れ、任され、使う肉体も同じ、やるしかないと思った。だが、知識がない。空手とか柔道の名前くらいしか知らなかった。

　ブルース・リー師匠のやられているのは、中国拳法らしい。もちろん、中国拳法が何かもわからない。

　当時、少年マガジンに掲載されていた、「全日本中国拳法連盟」佐藤金兵衛。東京、滝の川。早速、電話してみると、あなたと同じ茅ケ崎に高弟の西郡多喜雄先生が住まわれているから、連絡してみなさい。と言われ、西郡先生のお宅を訪問した、この日のこともはっきりと覚えている。

「高校の3年間、往復2時間の自転車通学で、足腰はずいぶんと鍛えたつもりですが、中国拳法のことは、全く知らなくて」

　すると師匠「じゃ、なぜ来た？」「ブルース・リーみたいになりたくて」

　入会金10,000円、会費月5,000円。当時5,000円の会費と5,000円のタバコ銭で、こづかいの10,000万円が消えていった。

　その日から、太極拳の稽古がはじまった。

　師匠は、はじめの3年間太極拳の型しか教えてくださらなかった。あとでわかったことであるが、本当にやる氣があるのか試すためされていたとのこと。その後、伝授された流派名だ

け記しておく。

　正宗太極拳・正宗形意拳・正宗八卦掌・少林金鷹拳・日本柔術・居合・柳生心眼流兵術等である。

西郡多喜雄先生から伝授された柳生心眼流秘伝目録

2. シラットとの出会い

　インドネシアに赴任中、おいらが太極拳をしていると、家主のイマンさんが来てインドネシアにもシラットという拳法があるという。

イマン夫妻と著者

　おいらの師匠が言われた言葉に「各流派が伝統として受け継がれていくためには、その流派に系統立てられた稽古体系がなければならない」という真理がある。

　見学して驚いた。稽古がしっかりと系統立てられ伝授されているのである。

　その場で、ブルース・リー師匠の言葉も思い出した。

「どこの国の格闘技だって、たいして違いはないよ。だって、同じ2本の手と2本の脚を使うのだから」と。

生涯、師と仰ぐブルース・リー師匠のフィギア

　おいらは、シラットが確かな拳法であることを認識してから、シラットを学ぶことになった。

　おいらのシラットの師匠のお名前は、イルシャッド・タイップ師匠である。タイップ師匠は外科医であり、英語もペラペラだった。

「Can you speak English?」

「ミスター對木、英語でやるか?」と言われたので、否、インドネシア語でお願いしますと。

「日本の学校で、何年英語を学んだ?」

「中、高、大で 10 年です。」

「日本人、英単語もたくさん知っているのに、何故話せない？」

「……」

　インドネシア語だってよく話せなかったのですが、タイップ先生からシラットを学んだことによって、今では仕事としてインドネシア語講師もしている。

　帰国してから、壮神社の社長と出会い、異国の拳法シラットを書籍で出版することにもなった。

　好きなことを続けているといろいろと新しいことに出会うものです。

インドネシアに赴任中、全国大会に招かれ、少林金鷹拳の模範演武を披露

タイップ師匠と

シラット継承者に贈られる盾

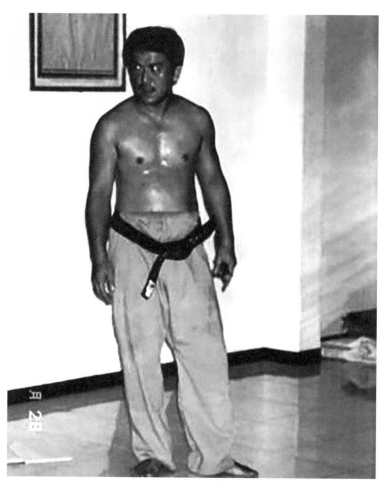

33 歳の時の著者（アフマッド師匠のお宅にて）

3. 不審者対応避難訓練

　公立小学校の教師は、通常担任と各種の公務分掌をもたされる。おいらの一番力を入れてきたものは「総合的な学習の時間の国際理解教育」と「安全指導」である。

　ここからは、不審者対応避難訓練について述べる。正直これは未だしっかりとは確立されていない。否、誤ったことがはびこっていないだろうか？　ぜひ一緒に考えてほしい。

　池田小に宅間守が侵入し、児童、教職員を殺傷する事件がおきてから、全国津々浦々の学校の門扉は閉められるようになった。逆をいえば、それまでの日本の学校のほとんどの門扉は、365日24時間、開け広げられていた。つまり、それで何の問題もなかったということであり、ある意味本当に幸せな世の中であった。

　そして各学校には、火災避難訓練・地震避難訓練に加えて、不審者対応避難訓練というものができ、刺叉という江戸時代の物騒なものが配備される様になった。

●刺叉って、何だ？

　この疑問から、新たな教育活動が始まった。

　世の中にあるものが全て正しいわけじゃない。皆さんも教師になったら、否、教師でなくとも疑問を持ち、真実を追求していくことは大切なことである。

　そういったことを日々子供たちに声を大にして話している教師自身は、本当にそういったことを実践できているのか？　不

審者対応避難訓練というものに魂を込めて取り組んできたことによって、多くの誤りが見えてきた。では、具体的事実を述べる。

　刺叉に疑問をもち、まず箱根の関所跡を訪ねた。そこでわかったことは、江戸時代、役人は一人の下手人を取り押さえるのに、実は、刺叉一本ではなく、刺叉・袖突き・突く棒の3種の武具で取り押さえる。具体的には、突く棒で抑え、袖突きで袖を抑え、刺叉で腿を押さえる。というか、例え切断してしまっても構わないように刃がついている。

　ここで、3つの武具を使って取り押さえることがわかった。と同時に新たな疑問が沸き起こってきた。つまり、刃物等を振りかざしている不審者を取り押さえるということは、並大抵のことではないのだ。

　現在、各学校に3本ずつの刺叉もどき（ここからは、刺叉もどきと記す）が配備されている。ここで、悲しい現実を記す。教職員にあなたの学校には刺叉がどこにありますか？　と問うと、　実はまともに答えられない教職員が多い。
「え〜と、1本が事務室。1本が職員室…」

　もう一つの事実を。実際に刺叉を使っての訓練がほとんど皆無なのである。

　不審者対応避難訓練を考える時、おいらの武道の経験は大変役立った。刺叉を不審者対応避難訓練で使ってはいけない。使う必要がない。

　この考えは、既存の地震避難訓練と火災避難訓練を考えればわかりやすい。地震と火災と不審者の3者に共通していることが、2つある。

　それは、

　○命にかかわる。

　○いつおこるかわからない。

である。

　次になぜ地震の時、おいらたち日本人は、机等に身を隠すのか。それは、隠さないより安全が確保されると考えられるからであり、その訓練を小さい時から、何度も繰り返し訓練しているからである。

　インドネシアの子は、隠れない。おろおろするばかりである。

　では、火災避難訓練はどうか？　この考えは、そのまま不審者に応用できる。

　火災避難訓練の時、その避難経路は大抵2か所くらいある。よくあるのが、給食室から火災が発生した時は、A避難経路。

　理科室から出火した時はB避難経路のように。つまり火災の場合は、いかにして子供たちを火元から引き離すかの訓練である。

　火元から効果的に逃げるのである。では、火災はどうするのか？　プロが消すんです。119番に電話して。

　このことを不審者にあてはめてみる。まず、現在のわが国での不審者とは、刃物をもって教職員や子供たちの命を奪いにくる者のことである。

　刃物を火の元と考えてみて下さい。火元から子供たちを遠ざけることが大切になりますね。

　ここで、刺叉もどきを考えてみましょう。なぜ、不審者を取り押さえることに対して、全くの素人の教職員が、刺叉もどき

を使って、火の元に飛びこまなければならないのであろうか？

　子供たちの避難誘導はどうするのか？　次のように考えてはどうか？

　刃物よりも確実に制圧できるものは、ピストルである。日本には、警察があるではないか？　火災を消防が消すように。不審者は警察がピストルで制圧するのだ。警察に通報して現地に到着するまでの平均時間は、7分30秒ほどだ。ということは、おいらたち教職員の不審者避難訓練の役目は、いかにして子供たちを不審者から遠ざけるかということである。

　実はこれらの考え方は、武道の考え方にも相通ずるところがあり、おいらもかなり熱がはいり、神奈川県下で小・中・高100校余りで、5時間目学習として、全校児童・生徒が体育館に集結して外部講師（おいら）の授業としての学習をしてきた。

　また、各学校で先生方を対象にした講演会も多々行ってきた。そこで、いつもおいらは次のような問いかけを先生方にしてきた。

「こどもの命は大切だ。という言葉をよく聞きますね。先生方、職員会議がありますよね。その会議の終わりにでも、司会の先生あるいは校長先生に『本校におかれている刺叉？　って一体何ですか？』と質問した先生、手を挙げてください」

　結果、大抵「皆さんの学校にも疑問に思い質問される先生方は、いないんですか。子供たちの命にかかわるんじゃないのですか？　箱根の関所に行ってみてください。遠足でいかれる学校もあるでしょう」ということになります。

　みなさんに、おいらがあきれた一つの事実をお話する。

　ある学校に赴任したはじめての職員会議での不審者にかかわる内容で「本校では、不審者が侵入したら、教頭先生が放送で『放送テスト中、放送テスト中』と放送します」

「なぜ、こんな暗号のような放送をするのですか？」

　このおいらの質問の答えにあいた口がふさがらなくなってしまった。

「それは、不審者を興奮させないためです」

　この学校の教師は、みんなこのことに疑問をもたずに過ごしているのだろうか？　子供の命は大切だと言いながら、不審者は、とっくに興奮しているのに。

　おいらたち一般人は、例えば銀行で、強盗が本物の拳銃を天井に威嚇射撃したただけで、腰が抜けてしまうのに。

　この不審者に対応する授業、講演会をたまたま長男が見る機会があった。その授業の後、「お父さん、教師が天職だね」教師冥利に尽きるの一言である。

　おいらの参考出版物に下記のものがある。

書籍
「不審者対応 in JAPAN」（紙の書籍と電子書籍）
DVD
「現役教師がおくる誰にでもできるワン・ポイント護身術」

　次に、不審者対応の内容を抜粋して掲載する。

○不審者対応　in　JAPN
　　　　　〜武術の考えをヒントに〜

不審者の定義
・ナイフ等で人を殺傷すること。
・現在の学校等では、既存の地震、火災避難訓練に加味して、
　不審者避難訓練がある。
・そして、多くの学校等では刺叉が配備されている。何故？
・3つの避難訓練に共通な事柄は、
　　　○いつおこるかわからない。
　　　○命にかかわる。

武術とスポーツを同一視？
・武術…………人を殺してでも、自分が生き残るための術
・スポーツ……ルールを設定し、同じ条件で勝負を競い合い
　　　　　　　親交を深めるもの。

　柔道・剣道は、柔術、剣術という武道から派生したスポーツである。上の定義に照らし合わせれば一目瞭然。不審者対応をスポーツ（柔道、剣道、空手等）から検証することは、危険である。なぜなら、不審者対応はゲームではないから。

・水と安全はタダではない。
・不審者から身を守るためには、なにも武術等を身につけなくともよい。その教えの中にヒントがある。

護身の極意

・危険な場に身をおかない。

・危険な場から逃げる・

・逃げれない場合は、助けを呼ぶ。

武術は、最後の最後に使うものである。

刺叉について

結論から述べます。不審者避難訓練では使うべきではないとおいらは考える。なぜ刺叉なのか、どうしてもおいらには理解できない。皆さんは、如何でしょうか？

おいらの著書「不審者対応 in JAPAN」に詳しく書いてある。

刺叉、江戸時代、罪人を捕らえるのに用いた三つ道具のひとつ。袖付き、突く棒とともに用いた。しかも先の曲線部分は、鋭利な刃になっている。

学校等における、不審者対応避難訓練の在り方

おいらは、これまで、神奈川県下、小・中・高の100校余りの学校で、5時間目の外部講師として、児童・生徒を体育館を教室として使う授業を展開してきた。

その授業の中で10分間は必ずその学校の先生方とステージで、おいらが不審者役となり、寸劇をする。

詳細はおいらの著書「不審者対応 in JAPAN」に詳しく書いてある。考え方は、火災避難訓練と同じである。火は消防のプロが消すだろう。消えるまでの訓練として、避難経路の確認をするだろう。だから、不審者は、警察官が制圧するのである。

制圧までの時間が110番して10分なのだ。だから、この10分間を如何に命を守るかの手立てとするかが、不審者対応訓練なのである。

　間違っても教職員が燃え盛る建物の中に突っ込んでいくような暴挙を刺叉とともにしては、いけないのである。

左から突棒・袖搦・刺叉

4. 中学校体育必修武道

　文部科学省は、現在の青少年の健全育成のために武道を推奨し、中学の体育で必修としている。大賛成である。しかし、実際に行っているのは柔道等である。

　武道、武術スポーツを区別せねば。相撲は、限りなく武道に近いといえる。

　文科省はスポーツと武道の認識ができていない。野球はアメリカから、ゴルフはイギリスから、柔道や剣道は我が国の武道から派生したスポーツなのである。

　おいらは、スポーツとしての柔道、剣道を否定していない。ただいい加減スポーツと武道の認識の違いをはっきりとさせましょうとお伝えしたい。

　二つの定義
　・スポーツは、ルールに則り、行って楽しく、見て楽しく、
　　ゲームの勝敗を競う。そして、ゲームが終わればお互いの
　　親交が深まるもの
　・武道は、おのれの道を磨くもの。敵をたおしても生き抜く
　　もの。

　なぜ、柔道に体重別があるんですか？　それは、ルールに則って行うゲームでは、体重の重い方、体の大きい者の方が圧倒的に有利だからです。ボクシングしかり。

　ところが、相撲には体重制限がない。そう、相撲はスポーツ

ではないのです。

　なんで、チョンマゲまでしていのるか知ってますか？　多く
の日本人は答えられない。学校で教えてくれないから？　冗談
じゃない自分で勉強しなければ。

＊誤解を恐れずにもう一言。

　柔道行うなら袴を身につけませんか？

　ある時、おいらの柔術の師匠が「何故、柔道を行うものは、
下着で公衆の面前に恥ずかしげもなく出れるのか？」と言われ
ました。

　知らないということは罪なことです。知らぬ間に世界に広ま
ってしまいました。

　おいらは、柔術五段。その道着は、柔道着に袴を身に着ける。
そう、仲間内だから袴を外し、数ある稽古体系の一つにルール
を設けスポーツ化したものが柔道なのです。だから、柔道は武
道ではなく、柔術という武道から派生したスポーツなのです。

　剣道（剣術→剣道）しかり、合気道（合気柔術→合気道）し
かり。

　武道とスポーツとは、全く次元の異なるものなのです。この
認識がおいら達日本人にはあまり、理解されていない。残念な
ことに文・科・省も。

　簡単に言えば、武道とは、生きる術（すべ）である。生き抜く術（すべ）である。

　それに対してスポーツとは、一定のルールに従って行って楽
しく、見て楽しい。さらには、そのゲームに勝っても負けても
お互いの親交を深めるものである。

　武道の世界で、宮本武蔵を例に挙げると、彼は今のスポーツの世界では、存在することすら不可能である。何故なら、試合の時間に遅れてくる。もちろんわざと。相手より有利な武器を持つ。弱い相手から殺す。

　アマチュアとプロで、一番大きな差があるのは、なんであろうか？　答えは、相撲である。人気のあるプロ野球。高校生がドラフトで指名されると、かなり早く1軍で活躍する人もいる。

　相撲は違う。学生相撲と大相撲の力士、相手にならないほどの差があるらしい。しかも、ここが大切である。体重によって、対戦相手を区別していない。だから、おいらは相撲は純粋なスポーツではなく、国技だと思っている。

　国技、スポーツ、武道、おいらはそれぞれの優劣をいっているのではない。それぞれの特異性をしっかりと認識する必要があるのではないかと考えている。

　ここで述べたふたつのこと、おいらの仕事なんですよ。教師の仕事、素晴らしいと思いませんか？

　すぐに、あなただからできるなんていう人がいますけど、違いますよ。誰でもできますよ。やろうとする意欲さえあれば。

　自分の考えを世の中へ提案できる。ときには著書で、ラジオで、テレビでも、最近ではユーチューブでも。こんな仕事あまりないのでは。

　だから、なんで教師はブラックなのか、おいらにはよくわからない。もっと先生たちが、自分の専門分野に関して、さまざまな発信をしていけるといいなあーと思っているということである。

5. 休　職

　39歳の時、床屋で仰向けになり髭をそってもらっている時、突然首と両肩に激しい痺れに襲われた。それは6年生の担任をしていた3学期、新年が明けて間もない時であった。

　痛みに耐え整形外科へ通院しながら、なんとか勤務をしていたが、3月になるころには歩行にも障害が出てきた。頚椎椎間板ヘルニアという病気であった。教頭先生と話し合い、4月から休職することになった。通院していた病院で休職の診断書と紹介状を頂いた。紹介先の病院でMRIの精密検査を受けた。「すぐに手術をした方がいい」とドクター、ただし手術の成功率は50%。さらには成功しても、3か月間の絶対安静とその後半年のリハビリ。失敗したら、首から下の全身麻痺とのことだった。

　手術しなければ、あと3ヵ月で頚椎4番と5番の間が切れ、首から下の機能全てが麻痺するとも言われた。
「どうせだめになるなら自然にだめになったほうがいい」
　おいらは、西洋医学を見限った。病院を出て、結果的に1年間の休職をすることになったが、その間、整体・気功・漢方などありとあらゆることを試した。

　その結果、おいらの病は、何と自然治癒したのだ。完治後、おいらに手術を勧めたドクターに偶然会い、おいらが普通に歩く姿を見て、「こういうのを奇跡というんですね」と。

　奇跡じゃないでしょ。西洋医学の範疇では治せないということでしょ。

　1年後、学校に復帰すると担当学年は、また5年生であった。この学校での勤務7年間の担当は、5年～6年～休職～5年～6年～5年～6年であった。高学年手当がほしいくらいである。

　本来、一番、優しさや情や情けがあってしかるべきだと思うのが学校の社会だとおいらは思うのだが、その場さえ、自分さえ無難に生きられれば、それでいいのかな？

　休職期間中、それほど親しくない知人に限って、よく電話がかかってきた。

「對木さん、入退院を繰り返されているようですが、大丈夫ですか？」

「私、入院など、していませんが」

　自分が、非日常の立場に身をおくと、面白いほど、周りがよく見えた。その後の人生でも。

　嶋津先生という当時、特別支援学級の担任をされていた先生がいらした。

　嶋津先生は、ちょっと孤独感漂う寡黙な方だった。朝、7時には、もう教室にいらっしゃる。おいらは毎日8時少し前に嶋津先生の教室に行き、お茶しながらとりとめのないお話をして一日が始まった。

　嶋津先生は、おいらの休職中、1か月に一度は我が家を訪れてくれ、

「先生、大丈夫？　手術なんてしなくても、きっと先生なら良くなるよ。良くなって、また私の教室で、お茶しようよ。毎日のあの時間、本当に幸せだったよ。先生がいないと、つまんな

いよ」

　いい大人の誰も知らない教師同士のおいらにとっては、一生忘れられない会話だ。心から感謝の想いでいっぱいになった。

　そして、この闘病の１年間を２冊の書籍で出版した。

　　　○　自然治癒力の実証（壮神社刊）

　　　　　（紙の書籍のみ）

　　　○　最高の名医は、自分自身！（壮神社刊）

　　　　　（紙の書籍と電子書籍のみ）

6. 学会発表

　おいらは、ブルース・リーを師と仰ぎ、19歳の時から、中国拳法（太極拳・形意拳・八卦掌・少林金鷹拳）と日本武道（日本柔術・柳生心眼流兵術・居合道）の修行を積んできた。

　29歳でインドネシアのジャカルタ日本人学校へ赴任した時は、インドネシアに伝わるSILAT（シラット）という拳法に出会った。

　3年間の赴任中にシラットを習得し、帰国後も何度も訪れて、シンランバ派の4代目を継承した。シラットに関する書籍も出した。

　そんなおいらが、突然の病に倒れ、1年間の休職の後に復帰を果たしてしばらくした時だった。某国立大学の岩佐教授という方からお電話を頂いた。もちろん、全く面識のない方である。「シラットの書籍を書かれた對木先生ですね。実は、私は大学でスポーツ人類学を研究している者ですが、あなたの書籍を読んで、インドネシアのシラットという拳法を知りました。一度、お目にかかりたいのですが」

　岩佐教授にお会いすると

「シラットについて、20分ほど語って頂けませんか？　実は今度、東京大学で第50回記念体育学会があるのですが、そこでシラットについて話をしていただきたいのです」

　おいらは、東大で、大学の先生方を相手に学会発表を行った。その後、岩佐教授は体育学会から独立して、スポーツ人類学会を設立した。おいらは、早稲田大学で行われたスポーツ人類学

会でも学会発表を頼まれた。東大も早稲田も受ける事さえでき
なかったけれど、まさかそこで学会発表をするなど夢にも思っ
ていなかった。

スポーツ人類学会の発表記事（雑誌：BUDO － RA/2003 年 7 月号）

　ブルース・リー師匠に出会わなければ、拳法など行なわなかったであろうし、インドネシアへ海外赴任しなければ、シラットにも出会わなかったであろう。そして、それらのことが巡り巡って学会発表をすることになったわけである。人生、摩訶不思議である。

　おいらは、ただ好きな事を飽きずにやってきただけである。おいらは、銀行を退職してから趣味の範囲で道場をもち、週1度お弟子さん達に指導している。もう40年にもなる。

　今、歩行困難になって、杖を突いて歩き、道場に行っても座っているだけである。それでもお弟子さんが来てくれる。それは、とても幸せなことである。

　インドネシア拳法シラットに関しては、2冊の書籍と2巻のDVDを出版している。興味ある方は、是非ご覧頂きたい。

・インドネシア拳法シラット（基礎編：書籍）
・インドネシア拳法シラット（応用編：書籍）
・インドネシア拳法シラット（入門編：DVD）
・インドネシア拳法シラット（実践編：DVD）

7. 指示に従わない子供たち

　義務教育は、戦後１クラス６０名からスタートした。教室の広さは30坪。１坪に２人である。

　おいらが教師になった1983年は、１クラス45名。現在は35名である。

　これを聞くと「今の先生は、ずいぶんとゆとりがあるねえ」と思う人がいるかもしれない。

　とんでもない！　昔は、「学級崩壊」などという言葉はなかった。今では、登校拒否になる先生もいる。

　小学校で「担任」となると、１人で３０人近くの子供たちと教育活動を行うこととなる。そこには、「子供たちが担任の指示に従う」という大前提がある。そして、この大前提が崩れることを「学級崩壊」と言う。

　おいらは、50代になるまで、何度も学級崩壊をしているクラスを見てきた。見るだけでなく、そのクラスの担任の許可をもらって、そのクラスの子供たちに指導もしてきた。

　おいらは、学級崩壊の大きな原因や理由は担任にあると思っていた。ただ、年を重ねるうちに「どうもそれだけではない」とも思うようになった。

　70年前の小学校１年生は、皆が席に着き、教えてもいないのに、自分の名前くらいはひらがなで書けたという。親も、自分の子どもに「先生のおっしゃることをしっかりと聞き、一生懸命に勉強しなさい」と言っていたそうだ。子どもの成長のために、そんなことが当たり前のように言えていた世の中であっ

たのであろう。

　今の1年生はどうだろう。たった35人の子供たちのはずなのに、その中には、席を離れて歩き回る子供が少なからずいる。言葉遣いもひどいものである。

　これは、子どもが悪いのであろうか？　親が悪いのであろうか？　おいらは、どちらも悪いとは思わない。社会が悪いのだと思う。

　ここからは、おいらとおいらの先輩の経験を記す。

　26歳で教師になったおいらも、50代になった8回目の5年生の担任となって1年が過ぎた。

　いつもの通り持ち上がり6年生の担任になったゴールデンウィーク明けのことである。

　昼休みを終えて、5時間目の体育の授業。朝礼台の横でグループごとに準備運動をしている子供たちのもとへ行くと、5人の子供たちがいないのである。探してみると、運動場の隅で遊んでいる。

　おいらが追いかけると、彼らは逃げる。放課後に残して指導をするが、次の日になると同じことをする。指導が全く入らないのである。これまでは、当たり前のように入っていた指示が全く通らなくなった時、おいらは教師としての自分の無力さをひしひしと感じた。

　おいらの学級が、おいら自身が、まさかこんな状況になろうとは。

　この一件から、おいらは毎朝学校へは直行できなくなってしまった。毎朝、学校の近くのコンビニの駐車場でその日一日に

思いを巡らすのであるが、なかなか良い知恵は出てこなかった。

　教師という仕事、担任が１人で数十人の子供たちと教育活動を行うことが、こんなにも辛いものだとは思わなかった。

　今まで学級崩壊した学級は、そのほとんどが教師の力不足だと決めつけ、その教師の悩みや辛さにまで思いを馳せることをしてこなかった自分を責めた。

　ここで、ある先輩の話である。その先輩は、定年退職をした後も、再任用として各学校で学級崩壊をしたクラスを立て直すことに尽力されていた。「学級崩壊立て直し屋」のような先輩であった。ただ、その先輩にも４０代中盤、子供たちが指示に従わなくなったことがあったという。その時は、どうしても学校へ向かうことが出来ず、学年主任の先生に「休ませて欲しい」と伝え、学校を休んで一日箱根の温泉に浸ったことがあるという過去を話してくれた。

　そこで、おいらが言いたいことは、昔と今では、子供たちを取り巻く環境、すなわち、社会と家庭が昔のそれとは大きく異なってきていて、そこに大きな原因があるのではないかということだ。つまり「現代の学校教育の根本原因は、社会や家庭の中にこそある」とおいらは思う。

　さて、子供たちが自分の指示に従わないということが、こんなにも辛いものだということを身に染みて経験したおいら。なんとか卒業式まで持ちこたえた。そのおいらは校長から「よくやってくれた。来年は何年の担任をやりたい？」と聞かれるから「５・６年以外ならどこでも」と答え校長と握手もした。

　同行した同じ学年の若い男の先生が「先輩、これでまた５

年とかの担任だったら、漫画ですね」

「そんなわけないだろう。いま握手もしたし」。

　そして4月初めの職員会議で「5年1組の担任は、對木先生にお願いします」と。やはり漫画になった。校長には校長の立場の悩みもあるのだろうが…。

　教職という仕事は、最高の素晴らしい仕事だと自負している。だからこそ、教職はブラックだとか、教師のなり手がないなどと言われている情けない昨今の日本の社会に対して、こうしておいらの意見・考えを勇気を出して、述べているのである。

　ただ、日本全国ほぼ変わらないと思うが、おいらは、教職という仕事は素晴らしく、転職して良かったと思っている。

　公務員、正確には、教育公務員という組織は問題山積である。

　具体的にあえて言わないが、1つだけわかりやすい事例を挙げる。毎年、管理職は、先生方に次年度の希望担当学年のアンケートを第3希望までとる。おいらは、ずっと、第1希望1年、第2希望2年、第3希望3年と提出したが、1年の担任は、一度しかさせてもらえなかったし、ある勤務校の7年間は、5年→6年→休職→5年→6年→5年→6年である。

　結論を言えば、教育公務員の組織では、良い意味で、人材が自然淘汰されないのである。最近では、力のある良い教師が教育界を見限って自ら身をひいていく者もいる。こんな悲しいことはない。が、これが事実である。

8. 自作の授業

「教育は、唯一絶対の創造的な活動である」とおいらは思っている。

大学4年生になると、級友たちはリクルートスーツに身を包み、就職活動を始める。

大学の掲示板の前に集まって、先輩たちのいる会社を血眼になって探しているのだ。

おいらは、その光景がどうしても理解できなかった。もっともおいらには、仕事に就くという意欲すらなかったけれど。

「もうしばらくこのまま学生でいられたらなぁ」とさえ思っていたのである。

おいらは、仕事は自分の好きなことを仕事にすることが一番幸せだと思っている。例えば、野球少年がプロ野球選手になるように。

次に、ノルマなどにしばられたりせず、自分の考えですすめていけることも大切だと思っている。そして、その職業こそ、教師だと実際にやってみて思っている。

例えば、5年1組35名の子供たちの担任になれば、すくなくとも1年間、子供たちと過ごす日々を、自分の考えに基づいて、決めたり、進めたりすることが基本できる。授業だって、自分で、創れる。

おいらは、教師という仕事を、給料がいくらもらえるとか、ノルマがあるからとか、そんな意識でしたことがない。大好きな武道に取り組むのと同じように、ただただ一生懸命に取り組

んできた。そしてそんな風にして創った授業で、子供たちの心の中を刺激することができるのである。

上記３点とも当時の模様（学級通信より）

○わたしのマンションは、1億円

　何かの用で、クラスの靴箱を見ている時、となりの1クラスほどの靴箱が空いていることに気付いた。そこで、次のようなことが閃いた。

　子供たちに、それぞれ気に入った場所の靴箱、一つをあてがい、それを自分のマンションとした。

　ついキングマンションの2Fの3号室がおいらの部屋というように。その後の子供たちのマンション製作の姿は見ていて楽しかったし、感心させられた。靴箱には、中に仕切りがある。この仕切りの上が寝室。下はキッチンやTV、机などをそれぞれが、家から持ち寄ったものでつくりあげた。話はここで終わらない。

　靴箱は、まだ10個ほど余っていた。
「先生、校長先生にも売っていい？」

　もちろん、何人かの子供たちが、職員室へ行き　「校長先生、マンション買いませんか？」
「マンション」
「そう、マンション、1億円です。」

　子供たちの目は、みんな輝いている。何故だろう？

　マンション建設？　のきっかけは、おいらが与えたが、その後の展開は、子供たち一人ひとりの考えで展開されている。中には、放課後お母さんと一緒に自分のマンションを飾っている姿もあった。

　かたい言葉でいえば、自らが主体的に活動する学習であるからであろう。

　ひょんなことから閃いた靴箱でのマンション建設であったが、おいらの脳裏に刻まれた子供たちの姿であった。

　次も、おいらが創った４月当初の子供たちとの出会いである。

　教室での初顔合わせ。

「おはよう。私の名前は、對木佳史。５年１組、君たちの担任です」おいらの苗字だけを黒板に書く。

「みなさんは、(対)という字は知っていますね。私の名前の對は、対の旧字、昔の字なんです。私は、この旧字がとても好きです。この對という字の中には王様の王なんて字もあって、昔のクラスの４年生の女の子が、對木先生の對の中には、王様がいるから、これから『ついキングって呼んでもいい？』なんて言われて、それからついキングと呼ばれるようになりました。教科書で習う漢字ではありませんが、みんなも漢字で書いてくれると嬉しいな。さて、では皆さん、この對の字の練習をしましょう。對は、難しそうに思えるかもしれませんが大丈夫、たったの１４画です」

　しばらく練習してから

「では、皆さんにお知らせがあります。明日、テストをします。今から、その問題を見せます。『つい木』これが、問題です。このついのひらがなのところを漢字に書くだけです」

　翌日、テストをする。ほぼほぼ100点である。

　このあとが大事である。このあとの、おいらと子供たちとの会話。

「何故、みんなは100点をとれたのですか？」

「宿題だったから」「先生がやれと言ったから」

「先生は、何故？　と聞いているのです」

「問題がわかっていたから」「100点をとりたかったから」

「なるほど、みんなは、一日前、つまり昨日の今は、誰も對という漢字書けなかったよね、でも今は書ける。なんで？」

「わかった！　練習したからだ。みんな、練習したから、書けるんだ」

「そうだね。練習したからなんだね。先生も、みんなの顔と名前をすぐに覚えて、全部、漢字で書けるようにがんばります。では、きょうの宿題」

「今度は、先生の名前を漢字ででですか？」

「アハハ。まだ、何も言っていませんよ。きょうの宿題は、めっちゃ楽しいですよ。お母さん、お父さん、おじいちゃん、おばあちゃん、誰にでもいいから、こう言ってください。私の担任の先生は、男の先生で、名前は、ついきよしふみ先生といいます。ついき先生のついは反対の対なんだけど書ける？　と聞いてみて下さい。多分、書けるよと言います。ここからが、勝負です。でも、ついき先生のついは、この反対の対の昔の字なんだ。書ける？」と。

　次の日、おいらは、子供たちが登校してくる前に教室に行き、子供たちが教室に入ってくるのを待っている。すると、子供たちは、満面の笑みで「先生、書けなかった〜」と嬉しくて仕方のない顔で報告してくるのである。

　4月の新学年が始まって2週間ほどで、たいてい授業参観＆学級懇談会がある。ここでも、おいらは勝負をする。保護者の方々との学級懇談会の終盤。

　おいらは、次のように投げかける。

「では、そろそろ終わりになりますが、他に何かありませんか？」

　しばらくすると、たいてい保護者から手が挙がる。

「あの〜うちの子、最近、訳の分からない言葉を話しているんですが」

「うちも、うちも」

「アハハ、わかりました。それ、インドネシア語ですよ。スラマット・パギとかテレマカシーでしょ。まさか、『なんで、そんな変な言葉話してるの？』とか『やめなさい』なんて言ってませんよね」

「そうなんだぁ〜インドネシア語なの。へえ〜スラマット・パギって、おはようって意味なんだ」

「お母さん、おはようは英語でグッド・モーニングってことは知ってたけど、インドネシアの人達は、スラマット・パギって言うんだね。凄いね、言葉が違っても、人間て朝起きると、どこの国の人も挨拶するんだね。ほかの国も調べてみたら、とか楽しく話してますよね」

第4章

異なる窓からの風景

1. 目白校長とのあれこれ

　学校の組織は、珍しい組織である。前職の銀行では、平〜主任〜課長〜部長〜取締役のように名称も仕事の内容もしっかりと区別されていた。しかし、学校組織には、そうした区別はあまりない。

　いわゆる「教諭」と「管理職」の区別があるくらい。あとは、養護教諭、事務、校務、給食関係の方々があるくらい。おいらは日々の教育活動に埋没していたから、正直どうやって教頭や校長になるのかなんて、全く知らなかった。

　そんなおいらが、これまでの教師生活で一番充実した５年生の担任をしていた時、当然これまでと同じように６年生でも、この子たちの担任になると信じて疑がっていなかった。そんな時に異変が起きたのである。

　おいらは年末のある日、目白校長に校長室に呼ばれた。
「君には、次年度つまり来年度の４月から教頭職に就いてもらう」
「はぁ〜、冗談ですよね。絶対に嫌です。お断りします」

　おいらはお断りした。なぜなら、校長や教頭、いわゆる管理職という仕事に全く魅力を感じていなかったからである。そして担任という立場、担任が出来る教育活動に幸せを感じていたからである。しかも、今５年生の担任をしている。当然この子たちを持ち上がり６年の担任になり卒業させたい。
「今の子たち、教頭という立場で卒業式まで見守れるでしょう」
「はっ、自分、教頭の仕事なんか絶対できないし、やりたくな

いです」

「對木ちゃん、私、今いくつか知ってる？」

「知りませんよ」

「あと1年で、定年なんだよ。最後の1年を對木ちゃんと一緒にやりたいんだよ」

　この言葉は、おいらにとっての殺し文句であった。

　目白校長とおいらは翌年の3月下旬、教頭の人事を受けるべく教育委員会へ向かった。ところが、ここでも人生の摩訶不思議にぶち当たった。目白校長と委員会の人間がおいらを呼びに来て部屋へ行く廊下で目白校長が一言。

「對木ちゃん、ない」

　おいらは、「ない？」教頭の話がなくなったのかな？　部屋へ通されると。

　「對木先生には、新年度より、三崎小学校の教頭として尽力していただきます」

　学校へ戻り目白校長はさかんに首を振っている。おいらは、何がなんだかわからない。

　結果は、新年度から教頭になるのだが、夕陽ガ丘小ではなく三崎小で教頭だということ。

　ふざけるな。おいらは目白校長の元での教頭だから。そして、今の教え子の卒業まで関われるから受けたのに。人事は他人事なのか。

　教頭になる決断をした時の目白校長の言葉は、今でも覚えている。

「對木ちゃんのいう通り、生涯一教諭でも構わない。全然構わ

ない。でも對木ちゃんには、異なる窓からの景色・風景もぜひ見てほしいんだ」

　学級担任として最後に受け持った５年生の子供たち。離任式での子供たちの姿は、生涯忘れない。おいらはこの子たちを裏切ったのか？

　否、そんなことはない。のっぴきならぬ理由がある。でも、この子たちにとって、他校へ教頭として赴任していくおいらの姿はどう映っているのだろうか？

　離任式で、おいらは人目もはばからずに子供たちとボロボロに泣き崩れた。

　今となってみれば、おいらはなんて幸せな時間を子供たちと、そしておいらを応援して下さる方たちと過ごしていたのだろう。こんな素晴らしい職業はないと改めて思う。

　おいらが、教頭になるにあたって、今でも不思議な目白校長。実は目白校長とは、かれこれ１２年ほど前に真川小学校で２年間ほど同僚であった。

　おいらが一番生意気な時で、会議でもがんがん持論を言いまくっていた時である。だから、目白さんが校長として夕日丘に赴任すると聞いた時、嫌な人が来るなと正直思った。

　ところが、夕日ガ丘での１年間、目白校長はなにかにつけおいらの言動を認めてくれた。そして、夏には「對木ちゃん、道場まだやってるの？」と聞いてきて、何とおいらに太極拳を教えてほしいと道場に入門したのである。

　この時から、おいらと目白校長は、釣りバカ日誌のようにスーさん、ハマちゃんと校外では呼びあうようになった。

ある時目白校長にお聞きした。

「昔、くそ生意気だったおいらを知っているのに、何故これほどまでにおいらをかってくださるのですか？」

「對木ちゃんよ、３０代、生意気でなくて、どうする。私は生意気の對木ちゃんが大好きだった」

2. 教頭になってから、思うこと

　ここからは、おいらが教頭という仕事を経験してみて思ったことを述べる。

　まず、「教頭は教師ではない」ということ。

　おいらが教頭になった 2,010 年頃は、文科省、県教委、市教委等への提出書類が年間、約 3,000 通ほどあった。そして、その提出方法が、紙からＰＣへの移行期であった。特にゴールデンウィーク前までの提出書類の多さは尋常ではなかった。

　「小学校の教頭です」と言うと「それは、大変ですね」と多くの方から言われた。

　それほどまでに教頭職の大変さは世間に浸透していた。「地獄の教頭」なるアニメ本まで出版されている。

　例えば、4月末までの締め切りで、教職員の全てのデータを作成し提出する仕事があった。

　ただ、おいらはＰＣ作業が大の苦手。学級通信でワードは使えたが、それ以外はほぼほぼ未経験である。

　月曜日が提出締切日だったので、日曜日に出勤をして送信するつもりでいた。ところが、その送信の仕方がわからないのである。頭を抱えていると、橘先生（そうなんです。前書で特別寄稿をしてくれた橘先生と、あろうことかまた同じ勤務校になったのである）が「教頭先生、大丈夫です。ＰＣが得意の古川先生が、日曜日に出勤するみたいです」と教えてくれた。

　そこで、日曜日の昼頃までに全職員のデータを仕上げた。念のため紙ベースのデータと照合してみると、先生方の年齢が合

っていないことに気づいた。パソコンで〇〇先生28歳とインプットしているのに、画面上には31歳と表示される。

　何度やっても合わない。全ての先生方の年齢が3歳ずれてしまっているのである。パソコンの画面とにらめっこすること数時間、やっと原因が判明。テンプレート設定が3年ずれていたのだ。設定の方を訂正すると、ようやく正しい数値に。それもたった3秒で。

　たった3秒で終わる再設定に気づくまでに3時間・・・

　さて、あとは送信するだけと思いながら、来るはずの古川先生を待つものの、待てど暮らせどやってこない古川先生。日曜日の職員室で一人、心は泣いていた。「おいらは、いったい何をしているんだ」と。

　そんなふうに始まったおいらの教頭生活であったが、ここでもおいらは、ある出会いによって救われるのである。

3. 鈴本校長との会話から

　おいらの上司である鈴本校長との出会い。鈴本校長は、PC初心者のおいらのために出勤されると、朝から給食の時間までご自分の椅子を90度こちらに向けて、教頭職の仕事を丁寧に指導してくださった。

　そんな風に鈴本校長先生に助けられながら、なんとかゴールデン・ウィークを終えたある日。おいらは、校長を校長室へ呼び出した（笑）

「どうした、教頭さん？」

「校長先生、私が教頭として、この学校に赴任してから１ヶ月が経ちます。その間どうしようもないミスを最低３つはしております。なのに、何故校長先生は私を叱らないのですか？」

「教頭さんは、この３月まで学級担任だったよね。こんな仕事いきなりできるわけないじゃん。私は、中学の教頭から小学校の校長になりました。たくさんのミスもしましたし、苦労もしました。大丈夫ですよ。最終責任は校長である私がとりますから」

　こんな校長に出会えたのが、おいらの幸運であった。そしてその後、鈴本校長と過ごす日々の中で、たくさんのドラマが生まれるのである。

4. 校地内の池の復活と庭師との出会い

　おいらが教頭として赴任した学校には、職員室の前に細長い日本庭園のような一角があり、その中に池があった。その池は、20年ほど前にＰＴＡ事業の一環として作られたようで、おいらが赴任した頃には朽ち果てていた。子供たちはそこの前を通って、毎朝学校に登校してくる。

　校長と雑談をしていたある日、
「この朽ちた池に金魚でもいいから数匹泳いでいたら、子供たち喜ぶでしょうね」とおいらが言うと、校長が「そう！　じゃあ教頭さん、あの池を復活させて」「はっ？」「池を復活させる公務分掌なんて、ないでしょ。言った人がやるしかないじゃん」

　しばらくすると、校長は学校所属の庭師を校長室に招いた。

　庭師は「2ヶ月〜3ヶ月の日数と100万ほどの費用はかかるでしょう」と。

　校長は、この話を受けて「教頭さん、これ応募したら！？」と。

　それは、ある財団の環境に関する応募書類であり、市内28校ある小学校の内たった1校に数十万円の助成金が出されるというものであった。
「勘弁してくださいよ。ただでさえ、教頭の仕事が激務なのに、しかも1校なんて無理ですよ」と言うと
「なに弱気なこと言ってるんですか。教頭さん、何冊も本を出版してるじゃないですか」

　結果、なんとおいらの学校がその年の助成金を頂くことができた。

　そして「池の復活までの物語」は、ここから佳境へと進んでいく。

　助成金は有難くゲットできたが、まだまだ数十万円足りない。すると、校長が「教頭さんよくやってくれた。これからは、お互いに地域を訪問して、池の復活に賛同して頂き、寄付をして下さる方々を募りましょう」と言われた。

　庭師のお兄ちゃんとも、たわいもない話をして仲良くなった。
「教頭さん、なんですぐに職員室から出てきちゃうんですか？」
「いいんだよ、仕事つまんねえし」
「教頭さんの実家の庭園をいつか創らせてくださいよ」
「そうだね。縁があったらね」

　そして、これが数年後、現実のこととなるのである。

　校長の尽力で、地域の方々を巻き込んで多額の寄付金が集まり、池の復活の資金が集まった。

　その年度の終わりには、地域の方々をはじめ、財団の方々を招いての完成披露宴までした。

　校長は、そこで、お手製の感謝状まで手渡したのである。さらに、地域のある方が大きな錦鯉を25匹も寄贈してくださった。当初、数匹の金魚でもいればと思っていたのが、夢のような話である。

　この時の鈴本校長とは10年たった今も、年に数回はお会いする。2人の話に出てくるのは、この池のことを始めとした本来の管理職としての仕事以外のことばかりである。そしてあの当時を思い返すと、とても懐かしく楽しい気分になる。
「あのころ校長先生には、書類の仕事で随分とご迷惑をかけま

した」

「教頭さん、そんなことは、どうでもいい。教頭さんとの２年間は、ドラマみたいだったよ」

　多分これからも、おいらたちは、会うたびにあの池の復活の話をするだろう。

　それは、誰かに命令されたり、誰かに忖度をしたりせず、子供たちのために自分たちで考え、行動した結果起こったドラマみたいな奇跡だったからだ。

　そのたび「こんなことが仕事として出来る校長や教頭の仕事もまんざらではないかも」と思うようになっていった。

地域の方々と鯉への餌やり

　そして今になって思うことがある。おいら幼少の時の小児喘息に苦しめられ、高校野球ができるのが当時の夢だったのに夢で終わり、でもおいらの人生振り返ってみると、結果オーライみたいな人生かも。

　夕日丘小での教頭のはずが三崎小の教頭になってぶったまげたけど、そこで石川岳さんと再会したり、池の改築ができた鈴本校長と巡り合えたり、人生腹立つことや理不尽なことも多々あるけれど、この人生もなかなか良かったなと思える人生、生き方をしていけばいいのかな。

5. 早期退職して思うこと

　そんな教頭職であったが、おいらはその３年後に、教師を辞めることになる。57歳での早期退職を決断することになるのだ。

　その一つの理由がこれである。教頭になって半年、重度の糖尿病であることが発覚したのだ。

　教頭になった時のおいらの体重は80kg。それが、わずか半年で53kg。半年で27kgも体重が減ってしまった。さらに、両手の全ての指先と足の膝から下に痺れが発生した。糖尿病の３大合併症の一つかと精密検査をしたが、痺れは頸椎からきているようであった。

　さらにそこに、母の介護が加わってきた。母は認知症を患い、これまでは父が母の介護を行っていたのだが、ちょうどおいらが教頭職できりきり舞いしている頃、父から頻繁にＳＯＳの連絡が入るようになっていた。

　おいらは、39歳で休職した時のことを思い出した。糖尿病で歩行障害を抱えた自分。さらには、母の介護をする父の姿を見た時に「早期退職をして、自分と家族に向き合う時間を作ろう」と思ったのである。

　母は、よく冗談交じりで「佳史、お母さんは、ピンピンコロリだから、何の心配もいらないよ」と言っていた。ただ、晩年は、認知症の全ての症状を発症し、２か月に１度は救急車のお世話になったり、街中を徘徊したり、最終的には、おいらのことを「あんた、誰？」とまで言うようになった。

　早期退職をしたことで、母の最期の数年間を母にたっぷりと
寄り添うことが出来た。少しは親孝行ができたかなと自負して
いる。

母親と戯れる幼少の頃の著者

第5章

早期退職後のおいら

1. 整体師になる

　おいらはもう10年程、両手指先と両足の膝から下が常時痺れている。歩行も杖がないとおぼつかない。これも早期退職した一つの要因である。

　少しでもその症状が改善しないかと、様々な治療を受けてきた。そんな折、大分県の湯布院在住の整体師遠藤さんと巡り合った。

　遠藤さんのことは、大分県の別府の居酒屋〈春うらら〉の大将・甲斐清一さんが教えてくれた。この大将はとても親切な方で、おいらの症状の話をすると、「湯布院に、仙人みたいな整体師がいるから診てもらったら」と教えてくれたのである。それだけでなく、次の日、金輪に湯治に来ていたおいらを湯治場まで迎えに来てくださり、車でかれこれ2時間程かかる遠藤先生のお宅まで送って下さり、しかもおいらの施術中も待っていて施術を終えると、また湯治場まで送って下さったのである。

　なんでこんなに親切な方がいるのだろう。さらにはこの大将の居酒屋（春うらら・甲斐清一さん＆かおりん夫妻）のハンバーグは大変評判がよく、なんと今では、おいらのカフェでも提供している。

　大将に別府から種を空輸で送ってもらって、おいらのカフェで焼いて、お客様に提供させて頂いている。5年前には、別府からご夫婦でおいらのカフェを訪ねてくださり、ハンバーグを提供させて頂いた。

　その遠藤先生の施術は、昔おいらが頸椎椎間板ヘルニアを患

っていた時に、治療をして下さった東京、御徒町の西園寺正幸先生の骨盤湧命法とよく似ていた。そのこともあってその後、日を改めて先生のお宅に10日間程滞在して、施術を受けることになった。

　先生のお宅に滞在してからは、毎日いろいろな温泉にも連れていっていただいた。そして、毎日施術もしていただいた。先生は、当時75歳、さすがに、おいらが滞在して数日後には、お疲れの様子だった。

　そこで、「先生、私が先生を治療させて下さい」と施術させていただいた。すると先生が、「お主、ただものではないな」と。

　実はおいら、全くの素人ではあるが、前述の骨盤湧命法の施術を受けていた時、必死でその技を盗んだのである。おいらは、元教師である。教師は、自身が身に着けた知識を児童に伝達する。その伝達を確かなものとするために、計算なら計算ドリル。漢字なら漢字ドリル等を使いテストまでして、その習熟度を確かめる。

　この先生と児童に似た言葉として、師匠と弟子という言葉がある。実は、この両者の違いをおいら達は正確には理解していない。これはおいらの持論であるが、先生と児童と、師匠と弟子の間にある「違い」を、ものすごく簡単に述べると「師匠は、自身が必死で身に着けたものを、簡単に人には教えたくない」というところにあると思っている。

　おいらにとっての初めての師匠は、武術の師匠であった。その師匠は、はじめの3年間、太極拳の型しか教えてくださらなかった。おいらは毎回「今日でやめよう。今日でやめよう」

と思いながら、道場に通っていた。

　道場に着くと「何しに来た」と言われ、一度きりしか見せて
いただいていない型ができないと「何度教えたらわかる」と言
われるのである。

　師匠と弟子の関係をよく表した昔話がある。

　中国拳法に、八卦掌というくるくると円を描いて歩くのが特
徴的な拳法がある。ある時、誰かがその八卦掌の師匠の元へ弟
子入りにいったそうだ。

　すると師匠は「庭にある大きな木の周りを歩きなさい」と言
った。言われた通り木の周りを歩いているが、何も教えてくれ
ない。教えてくれないどころか時間がくると終わってしまう。
それなのに、稽古代はしっかりと取られる。

　たいていの人は数日で、根性がある人でも２〜３か月もすれ
ば辞めてしまう。だけど中には、１年経っても歩き続ける者が
数人いる。すると師匠がその者を呼び「それでは、今日から伝
授しましょう」と言われるのだ。

　おいらもそうだった。「今日で辞めよう」と思いながら道場
に通い続けて３年程が過ぎた時だった。師匠に、「君はどうも
本気のようだから、全てを伝授しよう」と言われたのである。
３年間太極拳の型だけしか、見せてくださらなかった師匠は、
その後の数年で中国拳法の内家拳の太極拳・形意拳・八卦掌、
そして外家拳の少林金鷹拳並びに我が国の柳生心眼流兵術や柔
術、居合と多くの拳法、武術を伝授してくださった。

　師匠は、いい加減な奴、本気でない奴に自分が身につけた宝
物を教えたくないのである。稽古事とは、本来弟子の熱意に負

けて教えてしまうものなのだ。「金を払っているのだから、教えてもらって当然」などという考えは論外で、本来師匠の技は、盗むものなのである。

　ただこの考えは、現代の日本ではあまり理解できないでだろう。否、ほとんど理解されないだろう。でも、このことの真意を分かる奴は分かるのだ。おいらは19歳でこの師匠と巡り会えたことを、本当にありがたいと思っている。

　話を元に戻す。

　遠藤先生から、数日後、話があると。

　先生は「對木さん、私の弟子にならないか？」と言うのだ。続いて「私には今9人の弟子がいる。ただ、皆九州在住だ。お主がはじめての本州、関東在住の弟子になる」
「先生、有難いお話ですが、まず私の痺れを治してください」

　おいらは弟子になった。そして遠藤先生から施術の免状も頂いた。

　先日もお電話で「ところで對木さん、痺れの具合はどうだ」と言われたので「師匠、悪くもなっていませんが、良くもなっていませんよ」と答えると、「なんだ、まだ、治らないのか？」とおっしゃる。「師匠、あのね、師匠が治すんでしょ」とおいら。面白い師匠である。

2. 久しぶりのジャカルタ訪問

　2013年日本シラット協会の創立２０周年の催しがあった。
その折、現会長から、ジャカルタのアフマッドさんという方が、
おいらと連絡を取りたがっているという話を聞いた。

　そこで、アフマッドさんと E-mail でやりとりをすることに
なった。もちろん、インドネシア語で。おいらは、インドネシ
ア語は、なんとか読むことはできるが、書くことはできない。
だから、アフマッドさんからの E-mail をシラット協会の仲間
に和訳してもらい、おいらの返事をインドネシア語にしてもら
いながらのやり取りをした。

　アフマッドさんとおいらの関係である。

　アフマッドさんには、20年ほど前においらの師匠イルシャ
ッド・タイップ師匠からシラット（シンランバ派）の稽古をつ
けていただいた時に、何かと手伝ってもらっていた。当時は
２０歳の青年であった。

　そのとき彼は、おいらからお礼に時計とＴシャツをもらった
という。おいらは、全く覚えていない。今は40歳。シンラン
バ派の中核的存在となっている。

　彼に、現在のおいらは両手・両足に痺れが生じ、歩行も杖が
必要で、親も病気で、仕事を早期退職している状態であること
を伝えた。すると彼は、「それなら、師匠のお墓参りと、シラ
ットの仲間たちに会いに来ませんか？」と提案してくれた。
そうは言うものの、杖を突きながら一人で海外へ行くのはさす
がに不安であったが、おいらは結局一人でジャカルタへ行くこ

とになった。

　久しぶりのジャカルタ。一週間の滞在先は、日本人学校時代の先輩宅である。彼はインドネシアの女性と結婚され、ジャカルタに永住されている。

　久しぶりにジャカルタを訪問するにあたって彼からこんな忠告をもらった。「私達がジャカルタ日本人学校に勤務していた当時と違って、今のジャカルタは渋滞が凄まじいです。今現地ではこんな風に言われています。仕事で８時間、ベッドで８時間、車で８時間」

　シラットの仲間たち（15名のシンランバ派の方たち）といっても、アフマッドさん以外は初対面である。それなのにこんな出来事があった。

　道場での稽古の見学やビデオ撮影をし、お昼のお弁当を皆で食べている時、おいらはアフマッドさんに「皆仕事あるのに何故今道場にいるの？」と聞いた。

　すると、アフマッドさんが呆れた顔で「はぁ〜、ミスター對木が１週間来るというから、皆１週間、仕事を休んでいるのですよ」

　おいらは、自分ができないことをできる人を尊敬する。もし、アフマッドさんが一人で日本に１週間来たとして、おいらは友達15人と共に、彼を１週間接待できるだろうか？

　こんな話をするとすぐに「インドネシアだからできる」とか「日本では無理だ」とか言う輩がいるが、そんなことはない。できる奴はできる。できない奴は、口だけでできない。

　今回のインドネシア訪問の最大の目的は、師匠の墓参りだっ

た。いろいろな偶然の積み重ねの上で、今おいらはトハ氏の墓参りをしている。シラットに出会えたことは、おいらにとって、おいらの人生にとって何物にも代えがたい宝物である。ただただ感謝の念しかない。

　おいらは、ジヤカルタでゴルフを覚えた。日本にいる時にはやったこともなければ、時々 TV で見ると「何が面白いんだろう」とさえ思っていた。

　ただやってみると面白い。ゴルフの欠点は、面白すぎることだという人もいる。それはやってみなければわからない。

　バブルの日本では、ゴルフに行くとプレー代やランチ等で２万円はかかったらしい。ジャカルタでは千円である。さらにジャカルタでは、男性のキャディーが１人のプレーヤーに対して１人就いてくれる。すなわち専属キャディーである。

　おいらの専属キャディーは４人ほどいた。何故なら当時のジャカルタには、ゴルフ場が７か所ほどあったから。当時おいらたち教員は、毎月一度日曜日に、ゴルフコンペを開催していた。優勝すると、その夜その先生のお宅に家族を連れて集まり、皆でパーティーをする。

　たしか、木曜日は、少し早く学校を出て、ゴルフの打ちっぱなしで練習してきてもよかった。それでも、おいらたち教師に対して、それを非難する親など皆無であった。皆無どころか、日本人学校では、教え子のお父さんたちとよく遊んだ。というかお父さんたちにゴルフに誘われた。

　おいらの家から一番近くにあるゴルフ場・ファトマワティにも、おいらの専属キャディーさんがいた。名前をブイヨンさん

といった。

　おいらが３年の勤務を終え、もうすぐ帰国というある日、ブイヨンさんが突然我が家を訪ねてきた。

「ブイヨンさん。どうしたの？」

「ミスター對木、本当に日本に帰るのか？」

「ブイヨンさん、何言っているの。俺は３年の約束でここに来たんだ。海外赴任して３年が過ぎるから帰国するんだよ」

　ブイヨンさん「やっぱりそうだよね。でも、おれミスター對木がいなくなるとつまらないよ」「ありがとう。そう言ってくれて嬉しいよ」

　そんな別れをしたファトマワティゴルフ場であった。

　話を今に戻す。そのゴルフ場を３２年振りに訪れると、ゴルフ場の半分ほどに、大型重機が入り込み、マンション建設をしていた。

　すると遠くから「お～い、あなたミスター對木ですか？」と話しかけてくる人がいる。ブイヨンさんと仲良しだったあるキャディーさんだった。

「よく覚えていてくれたな？」

「忘れないよ。いつもブイヨンとラウンドしていたよね」

「ああ、ところで、ブイヨンさんは？」

「おお、ミスター對木、残念。ブイヨンは、２ヵ月前に旅立っちゃったよ」

「そうか。じゃ、ブイヨンさんも、２か月前までキャディーしていたのか？」

　キャディーさん「違うよ。ファトマワティーのキャディーは

みんな首さ。ブイヨンや俺たち数名は、運良くマンション建設の現場責任者として雇われているんだよ。ブイヨンのお墓遠いけど、今度行ったらミスター對木が来た事伝えておくね。」

　ゴルフのことばかり書いたが、誤解のない様にはっきりと書いておきたいことがある。当時のジャカルタ日本人学校の教員は、日本全国各地から自ら志願して赴任している。ただ、ジャカルタを希望したわけではない。全世界どこへでも、文科省の指示に従って赴任する覚悟で受験をしたのだ。

　それでもおいらたち教師は、多かれ少なかれビビッて、インドネシアに赴任してきた。異なる国で、日本の異なる地方で生まれ育った先生方と、日本の子供たちのために教育活動を3年間の任期でするわけである。

　ほぼ男性教諭で、平均年齢は30歳前後。ゴルフも十分に楽しんだが、仕事もめちゃくちゃしたと自負している。

　日本の学校との違いをいくつか挙げると、ジャカルタ日本人学校（JJS）には、日本でいう校務さんが30名ほど（日本では1つの学校に2名ほど）いた。彼らは、例えば、コピー機に2名いて、コピーを頼むと枚数分コピーして机まで届けてくれる。運動場、教室等の清掃分担もあり、プールにも数名のボーイさんがいる。

　校務さんが30名もいるとどうなるのか？　例えば、卒業式の準備から、プールの管理まで全て校務さんがやってくれるのである。

　するとおいらたち教師はどうなるのか。本来のそれぞれの担任としての教育活動に専念できる。校長や管理職に何も言われ

なくとも、毎日、学級通信を発行していた。日本ではいいとこ週1回である。

そういえば、出張のようなものもなかった。まさに、日本の常識は、世界の非常識である。

おいら、親御さんからよく言われたことがある。

「先生ありがたいよ。格闘技クラブの顧問で子供たちを指導してくれて。日本なら、道場へ通わせて、月会費1万はとられるよ」と。

日本人学校は小・中一貫で、ほとんどの教師が自分の得意なもののクラブの顧問を週3日も行っていた。もちろんおいらは、格闘技クラブの顧問。

久しぶりのジャカルタの最終日。アフマッドさんがおいらのさよならパーティーを催してくれるという。さらには、その場で、シラットの会長から、正式なシラット指導者とシンランバ派四代目継承者としての称号の授与もしてくれるという。

その日の前日、1週間の滞在で大変親しくなったウイさんが「ミスター對木、申し訳ない。明日、俺は泊まりの出張が入ってしまって参加できないんだ。今日でお別れだ」と。

しかし、最終日当日。シラット協会の授与式をしていると、会場入り口から満面の笑みでウイさんが「ミスター對木、おめでとう」と言ってやってきた。

「ウイさん、どうしたの？出張は？」と聞くと、

「あの後、よく考えたんだ。仕事とミスター對木と、どっちが大切かって」

帰りの車では、そのウイさんがインドネシアの歌の替え歌を

泣きながら歌ってくれた。

> ♪對木さん。シンランバの私達は、對木さんがまたインド
> ネシアへ来てくださること皆で待っているよ。また皆と一
> 緒に稽古しましょう。日本とインドネシアは、親戚。皆、
> 對木さんの事を兄弟だと思っているよ。私たちの事を忘れ
> ないでね♫

3. 非常勤講師として過ごした時間（17日間の軌跡）

　早期退職して1年が過ぎた暮。

　ある校長先生（教頭時代の同僚）から「12月の1ヶ月、実質17日間だけでいい。学校に来てくれないか」と話があった。簡単に言うと「2年生の学級で、数名指示に従わない児童がいて、その学級の担任の20代の男の先生が学校に来られずにいる」と。

　どんな理由があろうとも、指示に従わない児童がいる学級担任程つらいものはない。体験しなければわからない。絶対にわからない。おいらは、校長先生が「来てくれるだけでいいから」というので、杖を突きながら、出勤した。その学校は、9年前まで、7年間勤めた学校であり、懐かしかった。もっとも、懐かしいのは運動場や校舎であって、中にいる教員は、総入れ替えになっていた。

　2年2組

　初日の出来事である。学級へ行くと数名の男の子が寄ってきて、「おまえ、誰？」と言ってきた。8歳の子供たちがおいらに向かって言う。

　そこで「おい、今何て言った？　お前とは何だ」と言うと、子供たちはびっくりした顔をしていた。

　それから、おいらはとにかく毎日、一生懸命授業をした。5人ほどの子供たちの勝手な行動は、ほとんど無視をした。ただその行動が授業に邪魔になるときは、

「おれは、みんなと今一生懸命に授業をしているんだ。邪魔するやつは、許さない」と厳しく言った。

　久しぶりの授業は楽しかった。８歳の子供たち30名が、おいらの話を頷きながら聞いてくれる。

　実はおいらは、教師生活のほとんどが、５、６年の担任であったが、１年生を１回、２年生は、５回経験していた。
「前歯のない子供たち」―２年生の子供たちをこんな風に表現したことがある。

　おいらは２年生の子供たちが、一番性にあっていると思っている。

　「武道家のおいらに低学年は似合わない」と言う人もいたが、１週間おいらに子供たちと関わらせてみろ。ほとんどの子供は、目を輝かせておいらの授業を聞くようになる。自慢しているのではない。事実を述べているのだ。

　では、そのためにおいらはどんな努力をしたのか。正直たいしたことはしていない。栗原先生のアドバイスを実践したくらいである。ただ好きなのである。２年生くらいの子供たちと関わるのが。多分天職なんだと思う。

　その２年２組の話である。最初は「指示に従わない」と思われた子供たちも、少しずつおいらの授業を聞くようになった。ただ１人を除いては。

　そして17日目、いよいよ最終日となった。おいらは雇用契約の関係で、この学級の朝から４時間目までを受け持っていた。給食から後は、別の若い男の先生が受け持っていた。

　その先生が「今日で、對木先生とお別れです。最後に歌を歌

いましょう」と言った。みんなで歌を歌った。すると、子供た
ちが歌いながら段々と泣き出した。そして最後には教室中が号
泣してしまった。

　歌い終わって少しすると、その若い先生が「それでは、落ち
着いた子から一人ずつ、對木先生とハイタッチして帰りましょ
う」と言った。

　一人ひとりとハイタッチをした。最後の一人になった。ただ
その男の子は、一番後ろの席で、机につっぷして、まだ泣いて
いる。よく見ると、その子は最後まで指示に従わなかった男の
子であった。おいらが「どうした？」と声をかけると何か言っ
ている。

　じっと耳を傾けると「先生、ありがとう。ありがとう」と言
っているのである。

　子供たちとの感激的な別れとともに、その若い先生からお手
紙を頂いた。

松田さんからのお手紙

拝啓　對木佳史様

　對木先生には、感謝してもしきれないほどの恩があります。一生忘れられない出逢いであると確信しています。それほどに對木先生と過ごした100日余の期間は、衝撃的でした。2017年12月に對木先生は、非常勤教員として私が働く学校に突如現れました。校長先生からの話によると、とんでもない型破りな面白い先生であり、私と気が合うとのことでした。そんな對木先生の第一印象は貫禄があり、一目見て凄い人だと察しました。たった17日間の職場でのつき合いでありながら、私の教師としての道しるべとなりました。

　對木先生が来られるまでは、自分のことだけしか考えない、力のある先生の顔色を窺い本心を隠して我慢してやり過ごす、そんな関係が私も含め職員室に充満していました。当時の私は周囲と自分の価値観のずれや関係の希薄さから、自信を失い、下を向いて過ごしていました。

　そんな中、拝見させていただいた先生の道徳の授業。実体験から語る本気の思い。今まで見たどんな研究授業よりも衝撃的でした。自分の苦しかった過去を認め本気で熱く語る先生を観たとき、あぁ僕がやりたかった教育は、これだ。僕がなりたかったのはこんな教師だったと強く思いました。この人は、「本物の教師」であり、うわべで語る芯のない「The 教師」ではなく、本音で語る筋の通った教師でした。やんちゃな2年2組の仮担任として怒号をあげてクラスをまとめようとしていた私なん

かより、わずか３週間程の、しかも午前中だけの関わりだけで、２年２組を子どもらしい一つのクラスに仕上げました。驚くべきは、やんちゃな子供、問題児と呼ばれるような子ほど先生に懐くようになるのでした。荒れていたクラスは見る見る様変わりし。生き生きとした笑顔輝くクラスになりました。３週間の午前中だけの先生だったはずなのに、別れの時には教室中が泣き声で埋め尽くされるのでした。

　先生が去られた後も何とかして先生に追いつきたい、どうしたらこんな格好のいい男になれるのか知りたく先生の道場に通いました。しかし結局わかったことは、先生がただ魅力的な人であるということだけでした。誰よりも威厳があり、逆らえない様な雰囲気がありながら、誰よりも接しやすく一緒にいて居心地がいい。堅苦しい職員室の空気と僕の気持ちが先生の一言でほどけていきました。

　冗談が上手。笑った時と怒った時の表情のギャップ、子どもに分かる言葉で話している、授業が分かりやすい。そんな長所以上に他の教師にはない魅力が先生にはありました。

　それは、自分の頭で考えて行動すること、それは、相手が誰であろうと自分の想いを貫くこと、それは、自分の仕事だけでなく、同僚のことも助けられること、それは、完璧ではなく、弱さを見せられること。それは、強さを持ち合わせながら、弱さを知っていることでした。そして、自然に何かを与え、自然と他人が何かしてあげたくなる、そんな魅力を持っていました。

　私は、２年間ブータンという異国の地で人として教師として、もっともっとデカい人間になって帰ってきます。先生と同じ様

に人との繋がりを大切に。どうか、御身体を大切にお過ごしください。　　Thank you for all you have done

　おいらは、心から思う。
「教師という仕事は、唯一絶対の創造的な、最高の仕事である」
　もう一度言おう。
「教師という仕事は、唯一絶対の創造的な、最高の仕事である」

4. 実家の改装とカフェのオーナー＆マスター

　カフェのオーナー＆マスターになるため、通信教育でコーヒー＆紅茶ソムリエ＆コーヒーマイスターの資格を取るべくレポートに取り組んだ。何故こんなことになったのか。

　ある日、父が「足の具合は、どうだ？」と聞いてきた。
「良くはならないが、悪くもならない」とおいら。
「これから、どうする？」
「まあ、杖をつけばどうにか歩けるし、車の運転もできるから、なんとかなると思う」
「少しは蓄えがあるのだが」と父。
「だったら船の旅が一番豪華で贅沢だというから、世界一周にでも行ってきたら」
「それはお母さんがいないと無理だ」と訳の分からないことを言う。

　いわゆる昭和の男なんだろう。そんな風にいろいろな話をしていった中で、おいらが冗談半分に「足の痺れがとれたら整体師にでもなりたいが、このままでもカフェなんかだったらできるかな」と言うと
「それはいいかもしれない。おまえなら、何かできそうだな。」
と。
「はぁ、マジで言ってるの？」とおいら。

　それから、なんと家を取り壊して新築の家の建設に入った。母が家にいたら間違いなく反対していたと思う。
「あんた達、ばっかじゃないの。カフェなんかできるわけない

でしょ」と。

　そんな折、偶然おいらと同じように敷地内でカフェを営んでいる年配の方に出会った。この出会いはその後のおいらの生き方に大きな影響を与えた。

　おいらは、その方にカフェの師匠になって頂いた。

「おいらは教師でした。よく、『教師ほど世間知らずで、うだつのあがらないものはない』と言われていますが、おいらにカフェのマスターなどできるのでしょうか？」

「あんたが教師だったって？　随分変わった教師だったんだろうね？　１つだけアドバイスしてあげるよ。あんた飲食って、お客にペコペコするイメージがあるかい？　もしあるのなら今すぐに捨てな。あんた教頭までやったんなら、嫌な奴と、嫌な仕事を随分としてきたはずだ。そして今はもう６０歳を過ぎてるだろ。いいかい、これからは自分の信念に従って生きなさい。嫌なことはするな。例えば、人には５つのタイプがあるとしよう。親指から小指だ。お主とおれは、人差し指としよう。同じ指だから波長が合う。

　ここに小指の奴が来たとしよう。小指の人がどんなに良い人であろうと私達とは気が合わない。だから疎遠になるだろう。それでいい。これから、マスターのあんたのところへは、親指から小指までの様々な人が来店するだろう。あんたが、人差し指なら、人差し指の人は黙っても再来店する。だが他の指のお客さんは、ペコペコしなければ常連客にはならない。

　通常、他の指の客のことも常連客にしようとするから苦労す

る。まあ、飲食で生計を立てなければならないのなら、そうするしかないのかもしれない。

　でも、あんたは違うだろう。それなら自分の信念に従って、カフェの経営をしてみな。お客が来ても来なくても、とにかく３年間やってみな。３年経って常連客がつかなかったら、店をたためばいい。何も恥ずかしいことでも何でもない。自分に合わないことをする必要はない。

　逆に３年たって、常連客がついていたり、繁盛したりしていたら、それはもう幸せそのものだ。

　あんた足が悪いだろう。自分で外へ行かなくても、いろいろな情報を常連客が持ってきてくれる。他人の無責任なくだらないアドバイスや噂など気にせずに、自分の信念に従って楽しんでみな。」

　この師匠のアドバイスは、おいらのこれからの生き方にもだけど、これまでのおいらの生き方にもぴったりだった。

　ここで、一言。

　よく学者バカだとか、やっぱりあの人先生ね、とか、教師や学者を揶揄する連中がいる。おいらは、そういう連中に言いたい、あなた方は人の為に寝食忘れて没頭したことがありますか？本物の教師や学者にあったことがありますか？それでも同じことが言えますか？

　あなた方が、揶揄したくなる様な情けない教師や学者も確かにいるでしょう。ただ、それは教師や学者に限ったことではないでしょう。

　もっと、人の幸せを真から喜び、自身の生き方に誇りをもって、くだらないしっとやややっかみのない人生を歩みたいと思いませんか?

　おいらは、思います。

　旧家を解体してから、カフェ兼用の新築が完成するまでにおよそ1年半を要した。2018年5月、カフェ茅風(KAYAKA)オープン。57歳で早期退職して、3年。還暦で、どこか不思議な感覚の中で、おいらはカフェのオーナー&マスターに転職した。

著者の経営するカフェ「茅風」

5 特別非常勤講師

　カフェをオープンした年の暮れ、教育委員会にいる元同僚が来店した。そして、こんなやりとりがあった。
「教頭先生、お店の営業日はいつですか？」
「営業は、日、月、火、水、木の5日間で、金、土と2日が定休日だけど」
「定休日を3日にしてくれませんか？　できたら、火、木、金と定休日にして、再任用として勤務してくれませんか？」
「何言ってんの、それは兼職になるでしょ」
「教頭先生4月から法改正で、大丈夫なんですよ。安倍さんも言ってますよ」
「そうなんだぁ。でも免許改定や65歳すぎたら仕事できないでしょ」
「大丈夫ですよ。免許改定までにまだ教頭先生3年ありますし、改定してくだされば70歳過ぎても仕事できますし」
「マジかよ、死ぬまで働かせるつもりか？」
「そうかもしれません」
　教職の世界から足を洗ったつもりでいたが、予期せぬ出来事で、おいらは、また小学校へ勤務することになった。
　役職は、担任ではなく、特別支援教室の特別非常勤講師である。特別支援教室では、それぞれの学級で学習に支援が必要と思われる児童に、保護者の了解のもと、週1時間程度授業をする。ある意味、正規の教員はなかなかやらない、やれない職種である。

　おいらは学習に苦手意識を持っている子を教えるのが、大得意である。何故って、おいらがお勉強が得意でなかったから。できない奴の気持ちが痛い程わかるんです。

　教師になりたての頃。子供たちにテストをする。返却するとき、２０点や３０点の子は、往々にしてしょんぼりと下を向いてうなずいて受け取る。おいらは、そういう子には必死で励ました。

「くよくよするなよ。今度がんばればいいじゃないか」

「でも、お母さんに怒られる」

「そうか、じゃ怒られたら先生に言え。先生がお母さんを怒ってやる」とかね。

　１クラス35人の子供たちがいれば、いろんな子がいる。教師や親の一度の指示ですぐに行動できる子もいれば、何回も言われなければできない子もいるのです。

　だから、おいらみたいな人間が教師になってもいいでしょ。

　では、ここから特別支援教室の具体について少し述べることにする。

　おいらは６１歳。定年退職後の再任用である。しかも、杖をついて学校敷地内、校舎、教室を歩き回る。かなり、異様な姿で映ったことと思う。普通の人だったら、辞退すると思う。特別な目で見られるのが嫌だろうから。

　おいらは自分の頭で考えた結果、人と違うことをしていることに生きがいを感じる。何故だかは自分でもわからない。わからないが、みんなと同じ生き方をしていると、人生の最後にと

りかえしのつかない後悔をする気がする。

　実は、杖をついて校舎内を歩き回る初老の男おいらを、職員や子供たちの目にはどう写り、どういう反応があるのか楽しみであった。

　結果は驚いた。ただの一度も誰からも、おいらが杖をついていることについての揶揄は聞こえてこなかった。

　聞こえてこないどころか、その後のインドネシア語講師で、中学校へ勤務したときなど、杖をもって、階段を上っている時、すれ違った数名の女の子から「大丈夫ですか、気を付けてください」と優しい言葉をかけてもらった。

　おいらが「ありがとう。いい子たちだね」と言うと
「そんなことないですよ。褒めて下さってありがとうございます」と女の子たち。

　人より１点でも多くいい点を取ろうとすることよりも、大切なことは、こういうことなんだとしみじみ思った。６０歳を過ぎて、杖をついて階段を上がるおいらに優しい声をかけてくれた、学年も名前も、もう一生すれちがうこともないであろう女の子たちとの一瞬のふれあいをおいらは一生忘れない。あの子達は忘れてるかもしれない。でもそれでいいんです。「ああ、この中学校に勤務してよかったなあ」と思えたから。

カフェの師匠の言葉

「これからの人生、くだらんことで人を吹聴したりされたり、そんな輩の中にいないで、残された人生を感謝して、心から楽しんで生きていかなきゃ。」
特別支援教室の授業で、子供たちからこんな事を学んだ。
例えば、算数でこんな問題がある。
「1本50円の消しゴムが1つと、1本10円の鉛筆が5本あります。全部でいくらになるでしょうか」
普通なら、50 ＋ 10×5 ＝ 100 が正解であるが、
ある児童が「先生できました」と言って持ってきたノートを見ると、そこにはこんな答えが書いてあった。
50 ＋ 10×5 ＝ 300
　小学生の算数の文章問題の基本は、まず文章をしっかりと読み解くこと。そこから正解に至るヒントを探し、それを立式して、計算して答えを導き出すことだと思う。
　さて、先の計算である。立式まではいいが、計算に問題が・・・
「どうやって、計算したのかな？」
「え〜と。50 ＋ 10 で 60 で、60 に 5 をかけて 300 です」
「なるほど、式は合ってるよ。今日は、計算の新しい約束について勉強しよう。計算には、足し算、引き算、掛け算、割り算があるけど、掛け算、割り算は、足し算や引き算よりも先に計算するんだよ。だから、これは、まず 10× 5 で 50 それに 50 をたすから、100 なんだよ」
「ふ〜ん、何で掛け算が、足し算より後ろにあるのに、先に計

算するの？」

　おいらは、返答にとまどった。

　うまい返答ができない。そこで教科書を読んでみた。

　教科書にはこう書いてあった。

〜掛け算、割り算は、足し算、引き算よりも先に計算します〜

　これではダメだ。この子は、何故先に計算するのかを聞いているんだ。これでは、何の説得力もない。

　おいらは苦しまぎれに

「ごめん、じゃこれは、先生の宿題にしてくれないいかな？」

と言って、

　その後、職員室で居合わせた先生方にも質問してみたが、だれも説得力のある答えは言えなかった。

　ただ、一人？　否、ひとつ即答したものがあった。スマホである。

　長年教師をやってきて、おいらは参った。おいらが今まで当たり前だと思い、なんの疑問も持たなかったことに、この子は気づき質問した。

　この子のどこに、学習支援が必要なのだろう。

　もう一つの事例がある。

　Ａさんは、7時50分にお家をでて、公園に遊びにいきました。公園まで、20分かかります。Ａさんは、公園に何時何分につきましたか？

　正解は、もちろん８時10分である。

　ここでも、ある子が「先生できました」と言ってノートを持ってくる。

　その子のノートにはこう書いてある。

　〜Ａさんは、公園に７時７０分につきました。〜

「なるほど、足し算したんだね。足し算するとそうなるよね」

　この７時70分を８時10分に納得させるまでの指導ほど面白いものはない。

　これは、ある先輩から学んだことであるが、１年生の国語の教科書に

　　　　さいた　さいた　さくらが　さいた

とある。

　これを新米の教師がやると、ものの３分で終わってしまう。が、ベテラン、プロになると30分でも１時間でも授業ができるという。

　おいらのことでいえば、おいらは講演会に招かれると、まず、刀、居合刀を提示する。そして、この刀１本で１時間は話ができる。

　おいらは特別支援教室での授業をして、特別支援教室の子供たちとふれあって本当に良かった。

　自慢話を一つ。

　２年生の担任の男の先生が、ある時「對木先生、特別支援教

室にうちのクラスから３人お世話になっていますが、どんな授業をされてるのですか？」と聞いてきた。

「どんな授業？いろいろな授業を一生懸命にしてますよ」

「私の今までの経験では、特別支援教室に行く時、子供たちはなんとなく下を向いてしょぼんとして行くのですが、今のあの子たちは、對木先生のところへ意気揚々と嬉しそうに行くのです。それを見ている他の子たちも、ぼくも行きたい！　私も行きたい！と言い始めています」と。

「そうですか。そんなに嬉しいことはありません」

　2018年、おいらの生活は週４日のカフェの営業と、週３日の特別非常勤講師としての小学校への勤務から始まった。

　カフェについては、珈琲＆紅茶の資格だけを武器に、自分のやりたいようにやってみようと思った。お客が２時間、３時間も来ない時もある。だけどおいらは、へでもねえ。居心地のよい店内で好きな本を読み放題である。

　逆にお客がくると、邪魔されたみたいな気持ちになったりもした。ただ経営に慣れてきたころから、世の中はコロナに突入した。お客がこないどころか、営業停止になったりもした。

　そんなこんなで丸４年が過ぎた時の税理士の佐伯先生の話である。

「マスター、丸４年経ちました。そのうち半分の２年間は、コロナの中での営業でしたね。そのままお伝えします。この４年間を総括しますと利益ゼロです。赤字もゼロです」

「そうですか。お店の経営のみならず、親からの相続等（おい

らは、この5年間で、両親、義理の両親、そして弟までも見送ることになった）、多くのことにお手数をおかけいたしました。本当にありがとうございます。実質的な利益は出ていませんが、いいんです。今までは子ども相手でしたが、この4年間は大人の方たちを相手にし、今までの教師の社会では、経験しなかった、できなかった多くの経験をしました。それが1つの財産です」

6. 進行性 S 状結腸大腸癌 Stage3c の宣告

　一昨年父が旅立ち、カフェの経営が週 4 日、小学校への特別非常勤としての勤務が週 3 日という生活に慣れてきた頃、とんでもないことが起きた。

　おいらは、重度の糖尿病である。食事毎にインスリン注射を打っている。

　月に一度は糖尿病専門医を受診している。そのドクターから、2020 年の市の検診の結果、便潜血が＋になっているとの指摘があった。「精密検査受けますか？」とドクター。

　内視鏡検査である。おいらが戸惑っていると「まあ、大腸癌は 100 人に 1 人位ですから、今年は様子をみますか」ということで、おいらは精密検査を受けなかった。

　そして 1 年後の 2021 年。市の検診で「對木さんまた＋ですよ。對木さんは、これまでもいろいろな経験をされているのですから、これもその一つとして、内視鏡検査もやってみたらいかがですか？」とドクター。

　おいらは丁度その頃、知人から鎮静剤を使えば、ほとんどまどろんでいるうちに検査は終了すると聞いていた。

　ただ、11 月 21 日〜 23 日は、湯布院の師匠の元や別府の居酒屋「はるうらら」の大将のところへ行く予定だった。だから検査は、その前日、11 月 20 日（土）に行った。

　まずは、腸の中を綺麗にするために、5 〜 6 時間かけて下剤を飲み続ける。はじめての経験だった。その上で、内視鏡で内部を見て、何でもなければ、5,000 円ほどの検査料を払ってお

しまい。いくつかポリープがあった場合は、その場で切除して、15,000円ほど。ポリープの色が悪いと、精密検査に出し、25,000円程度だという。

　おいらは、早く5,000円払って帰りたいなぁと考えながら検査を受けていた。

　5時間ほどかけて下剤を飲み、いよいよ検査である。検査着に着替えて、移動式のベッドに横になる。そのまま検査室に運ばれ、鎮静剤を注入された。意識が薄らぎかけた時、「入りません。中止です」という声が聞こえてきた。意識が戻ってきた時、別室に呼ばれた。

「對木さん、映像をお見せします。癌とは断定しませんが、この状態では、いずれにしても手術が必要でしょう」

　おいらは、ドクターが何を言っているのかよく分からなかった。ただ画像を見ると、大腸の管のような中に、いくつものグレープフルーツのようなものが、折り重なって管をふさいでいるように見えた。

「先生、明日から、2泊3日で、湯布院〜別府と一人旅の予定なんですが」

「そうですかぁ〜。行くか行かないかは、ご自分で決めなさい。ただはっきりいって、この状態では、いつお腹を激痛が襲ってきてもおかしくない状態です。紹介状を書きますので、一刻も早く大きな病院に行ってください」

「わかりました。とにかく、明日から予定通り出かけてきます。そして、無事に帰宅できたら、24日（水）に病院を決め、来院しますので紹介状を書いてください」

「そうですか。どうしても行きますか。では、途中でもし激痛が襲ってきたら、救急車でとにかく大きな病院へ運んでもらいなさい」

　まじかぁ。おいら、もしかしたら癌なのか？　まさかだろ？親父も、お袋も義理の両親も、この４年間で４人旅立った。確かに順番でいけば次はおいらだけど、いくらなんでもちょっと早すぎるだろう……。

　おいらは、そんな中２泊３日で、整体の師匠が住んでいる湯布院と別府の居酒屋「春うらら」の大将の元を訪ねる一人旅を実行していた。

　湯布院で、癌のことを師匠に伝えると、
「對木さん、大丈夫じゃけん。とっちまえばなんでもなかけん。心配するな。わたしも６月、膝の手術をして歩けんようになったら……と心配したが、この通り今ではなんでもなかけん」

　師匠は、そう言われるとトイレにいかれた。

　おいらは、奥様に「さすが、師匠。すごいですね」と言うと「なあに言っとるか、手術の前の晩には、歩けんようになったらどないしようと涙流し泣いてたけん」
「はぁ〜まじですか？」

　その後、別府に寄って知り合いの仲間たちに癌の可能性の報告をしてきた。

　24日（水）無事に帰宅し、人づてに聞いた大きな病院、西澤市立病院に決め、ドクターの元を訪ね紹介状を書いていただいた。そこのクリニックはとても親切なクリニックで「對木さん、西澤市立病院はここから車で20分ほどですが、今から行

きますか？」と言ってくれた。「はい」とおいら。

　しばらくするとドクターが「今連絡をとったところ、今日の山咲ドクターの外来の診療は終わってしまいましたが、特別に診てくださるそうです。緊急外来の方へ直接いらしてくださいとのことです」

　ということで、おいらは紹介状を片手に西澤市立病院へ向かった。言われた通り、緊急外来の入り口近くに車を止め、そこから入ると大勢のスタッフがせわしなく動きまわっている。「對木といいますが、桜クリニックからの紹介で、山咲ドクターの受診にきました」

　するとスタッフは「そんな、連絡入っていませんよ」「？？」

　しばらくしたら、救急車が到着。スタッフが、おいらに、「すいません。緊急です。通路を開けてください」はぁ～、おいらも、緊急の患者だと思うのだが？

　結局、何らかの手違いで、山咲ドクターには連絡がとれておらず、次の外来日 12 月 1 日（水）の受診となった。1 週間先である。大丈夫なのか？　おいらのほうが心配になってきた。

12/1 （水）

　その間、腹痛も起こらずに、12 月 1 日（水）になった。ただ、ここでもハプニングが。約束の時間に着けるように、余裕をもって出かけたのだが、すさまじい渋滞で全く動かない。途中で、大きな交通事故が発生していた。おいらは、約束の時間を 2 時間も過ぎて病院に到着した。

　ここで、衝撃の宣告が。

「對木さん桜クリニックから画像等が送られてきています。お伝えします。進行性 S 状結腸大腸癌 Stage3c です。」

「癌ですか。ところで先生、c ってなんですか？」

「では説明します。まず Stage は聞いたことがあると思いますが、状態によって１から４まであります。c とはとんでいるリンパの数です、その数に従って a から c まであります。次に、私は消化器外科のドクターで、主に外科的手術を行います。ただ、癌が転移している場合（大腸癌は、肝臓や肺に転移しやすい）は、私達外科ではなく、消化器内科の治療、放射線や抗がん剤の治療となります。転移しているかどうかは、ＣＴ造影剤検査でほぼわかります。對木さんには、６日（月）にＣＴ検査と、もう一度大腸内視鏡検査を本院の特別に細いカメラで行います。そしてその結果を８日（水）にお知らせします」

「先生 Stage ３ c ということは、限りなく Stage 4 に近いということですか？」

「残念ながらそうです。でもこれは現段階での想定であって、術後に変わることもよくあります」（変わろうが変わるまいが、確かなことは、おいらは癌で、転移してたら手術もできずに死んでいくのか）と思った。

　人は皆、いつか死ぬものだと知っている。だけど皆、自分が死ぬとはほとんど思わない。癌になると誰もがこの死というものと初めて対峙する。

　とにかく、おいらはまず次の２つのことを行った。

　１つは、仕事のことである。校長に事実を告げ、12 月は、とりあえず休むことになった。次にカフェと友人・知人に対し

てである。こちらには、事実を伝えずに、「のっぴきならぬ理由により、年内休業とさせて頂きます」と、カフェは表看板に、友人・知人へは、ラインで送信した。

12/6（月）

CT＆大腸内視鏡検査

またまた下剤を５時間ほどかけて飲み、二度目の検査である。今回の病院は大きいだけあって、大きな部屋に10人ほどがいた。誰もが下を向いて悲壮な表情をしている。おいらもか？

鎮静剤を投与され、検査をしたが、やはり内視鏡は、Ｓ状結腸から先へは通らなかったとのこと。このあとのCTが参った。

検査自体は、仰向けになって寝ていればいいだけであるし、液が入る時にカーと熱くなるくらいである。ただ、おいらは、内視鏡の後のＣＴである。再びもよおしてくるのである。

我慢しながらおいらの番になり、「検査は、どれくらいですか？」と聞くと「そうですね。５分くらいでしょうか」と言われる。

仰向けで検査が始まり、早く終わってトイレに駆け込みたい気持ちでいると、「はい、終わりです。では今度は、右方を上に挙げて、横になってください」「何、検査終わりでは？」「あと横が２回です。」「ふざけんな。さっき５分と言ったじゃないか」「えっ、１回５分ですよ。全部で15分ほどかな」「ふざけんな」

おいらは、本当に大きな声で「ふざけんな、もう我慢できねえ」と叫ぶと「絶対我慢してください。我慢できないと初めから、

やり直しになります」と。

　結果は、持ちこたえた。しかし、地獄の苦しみだった。お願いだから、これからは、ＣＴの検査のあとに内視鏡検査をしてください。

12/8（水）

　２日前の検査結果を聞く日。癌が転移しているかいないかのおいらにとっては、死刑宣告の様な日である。

　予約時間を過ぎること１時間余り、ついに呼ばれた。「對木さん、転移は、していません。但し、大きな問題があります。腹膜播種の可能性があります。これは、有名人では昔、逸見正孝さんが胃がんでしたが、この腹膜播種でした。これは、お腹を開いてみないとわかりません。腹膜播種でしたら、何もせずに閉じて、人工肛門となります」「なんで、手術をしないのですか？」「しても意味がないからです。癌の粉のようなものがお腹全体に散らばっているので。とにかくお腹を開いてみないとわからないということです。もう一つが、結合不全です。これは、糖尿病が問題です。本院の糖尿病専門医とタッグを組んで考えます」

　とにかく、一番恐れていた転移はしていないということはわかった。しかし、想像だにしなかった難題も生じてきた。

12/10（金）

　手術のためのマウスピースの制作に訪れ、ふたたび主治医と話し、次のようになった。

　通常手術は入院してから2日後に行うが、おいらは1週間前に入院して、血糖値を安定させてから手術に臨むとのこと。初めは腹腔鏡で始めるが、途中から開腹になる場合もあるとのこと。

・腹膜播種等で人工肛門になる場合もあるので、手術前日におなかに4か所、人口肛門の場合の手術場所の印をつけるとのこと。

・結合不全の場合は、すぐに開腹で、半年余りの人工肛門になる。

　おいらは、トータルで13枚の書類にサインをした。まったくもってまな板の鯉である。もうどうにでもなれといった心境であった。事実、おいらの進行性S状結腸大腸癌は、手術をしてみないとわからない事が多々ある。

12/16（木）

　コロナ検査と病室確認・決定で通院。

12/17（金）

　ついに、入院である。

　世の中コロナの真っただ中である。そんな中、石川岳さんが、入院用具一式とともに、おいらを西澤市立病院の個室まで送ってくれた。

　ここから、手術予定日の24日（金）まで、この個室で1人で過ごすことになる。基本、おいらは何もすることはない。TVは、カードで見ることができる。

12/18（土）

　今日は採血をした。本日の予定はそれだけ。

　幸か不幸か、おいらの大腸癌の自覚症状は全くない。腹が減ってきた。食事は時間ごとにぴったりと決められ、病室まで看護師さんが運んでくださる。ただおいらは、血糖値を安定させるためか、ほんとに、食事の量が少ない。

　8時の朝食を済ませると、4時間後の12時の昼食である。15時頃になると無性に腹が減ってくる。3時のおやつにバナナ1本くらい出せよ。でも何とか、夕飯の18時までは、耐えられる。

　夕飯を、おいらはそれこそご飯粒の一粒一粒を味わうように噛みしめながら食べた。何故なら、次に食べられるのは、翌朝の午前8時。すなわち、これから14時間の断食に入るわけである。

　夕食後、早く寝てしまおうと思うのだが、腹が減っているのと、手術に対する不安などで、中々寝つけない。

　何故だか、1人で、インドネシアに赴任していた3年目の心境がよく思い浮かんだ。と同時に昔の武将のことも。自分の命は、もしかするとあと数日かもしれないのだ。そんなことを、入院中、良く考えた。考えてもどうにもならないが。

12/19（日）

　今日は、とても良い面白いことがあった。

主治医の林Drは、毎日一度病室に来て様子を聞いてくださるが、ノートPC片手にほんの数分である。昔の職場の先輩に身

振り、話し方がそっくりで、なんとなく好感はもてるのだが、まだまだ、おいらには、杓子定規の話し方しかしていなかった。

　おいらには、3歳になる女の子の孫がいる。入院するにあたって、長男夫妻が、孫の写真をくれた。それをおいらは病室のベッドから、見えるところに飾っていた。

　それを見た林DRは、「對木さん、お孫さん？」「はい」「いくつ？」「3歳の女の子です」「そうですか。私と同じですね。」「えっ？先生にも、もう、お孫さんいらっしゃるのですか？」

　おいらは、何故、そんなことを言ってしまったのかわからない。どうみてもドクターは、まだ、若々しいお父さんである。「あのねぇ〜もう、對木さんの手術するのやめようかな？」

　この一件から、なんだか、妙に心が落ち着き、このドクターと心が通い合えたようで、このドクターに命を預けようと思えた。

12/20（月）

　SGLT 2阻害薬。

　スマホのラインは使えたので、癌であることや入院していることは、伏せて友人・知人とやりとりはできた。

　自身の秘密を明かさずにするやりとりは、まるで芸能人になった様な気分であった。（もちろん、公表しても構わなかったが、くだらん輩の好機の目にさらされるのも面倒だったし、このまま、死ぬかもしれないので、だったら、あえて、言わなくとも良いかな？　と思った）

　12月中旬を過ぎると、友人・知人からのラインの内容が、

「まだ、どうされているのか、言えませんか？」のようなラインが。おいらは、「ごめんなさい。とにかくあと1か月経てば全ては明らかになるので、ごめんなさい」というラインの返信をした。

12/21（火）

腹部レントゲン。

12/22（水）

手術説明（５２分）

この日は、コロナ禍であるにもかかわらず、長男が特別に同席してくれた。

ラインのボイスに録音もした。今でも初心忘るべからずではないが、時々聞くこともある。

ドクターは、それこそ、考えられる予想の全てにわたって話をしてくださった。とにかく、最高の形は、2人のドクターと腹の左右から、腹腔鏡での手術を始める。へそから5cm切り、そこから、腹の中にカメラを入れ、そのカメラの映像を頼りにS状結腸を20cm程切断し、結合するという。

聞いていてそんなことが、腹の中でできるのか？　という思いでいた。もちろん、以前のように開腹しての手術の方がドクターとしては、やりやすいという。ただ、患者の身体の負担や手術跡を考慮すると、腹腔鏡の方が良いと言う。今では、もう一歩進んだロボットによる手術もあるという。がこれは、まだ直腸癌にしか適用されていないそうだ。ただ、おいらの場合、

腹腔鏡で手術を始めても、途中から、開腹にせざるをえなくなるかもしれないという。

　結論として、考えられる最高の形は、

　・明後日、手術をして1週間後、大晦日に退院する。

　・腹膜播種で、手術中止で閉じ、人工肛門で後、内科診療。

　・結合不全で、半年余りの人工肛門。

　おいらは、52分間にわたるドクターの話を聞いて、手術をして全てがうまくいき、大晦日に退院という流れはないな、と思った。

　人生、終わるのか。終わるなら、すっきりと終わりたいなとも。

12/23（木）

　採血のあと、看護師さんが来て、「明日の手術、病室から手術を終えるまで私が担当します」と言った。

　このあと別の看護師が入室してきて、「これから、人工肛門になった際の手術のめぼしの印を付けます」と言って、なんと墨汁と筆で、おいらの腹、左右合わせて4か所に印をつけた。

　おいらは、入院期間中の2週間、医療スタッフの方達の献身的な活動に感謝しかなく、西洋医学も（おいら、それまで、東洋医学を信じて、西洋医学は局所療法じゃあないかと軽視していた）大したもんだと感心していた。

　ただ、一度この人工肛門の印付けのときばかりは、激怒した。なにごとも、よくもわるくも体験してみなければわからないが、おいら、重度の糖尿病で、当初は、薬をのむだけであったが、いよいよインスリン注射を各食事前に打つ、打たざるをえなく

なりそうになった時、それだけは、勘弁してくださいと思った。それが、すでに10年。今では当たり前のように平常心で打っている。

　人工肛門に関しては、実際に人工肛門になっている知人に聞くと、「1日3回ほどお手入れをするだけで、いつもトイレを気にしている時より楽だよ」と。

　確かにそうかもしれない。だけど、おいらは、まだ、経験したことがないし、できることなら経験したくないという思いが強かった。この時のおいらの心境は、

　・奇跡的に助かる。・死ぬ。・人工肛門で苦しむ、のような感じであった。

　さて、何故おいらが激怒したのか。

　おいらは、明日の手術が開腹にならず、人工肛門の処置もしないで済むことを祈っていた。なぜ、印をつけるのかというと、術中、開腹から人工肛門の処置に移行する時、ドクターが人工肛門の適格な位置を探す手間を省くためだという。

　おいらは、この看護師が入室した時から、人工肛門の印かぁ〜と思っていたが、この看護師は、入室してから退出するまで、何度人工肛門という言葉を発したのか。

「明日、もし人工肛門になる時のために」「おなかのこの辺が人工肛門の場所として」「人工肛門になると」などなど。

　おいらは、「もう、わかったから、人工肛門と言うな」

　患者は、心身ともに衰弱しているのである。しかも癌の宣告を受け、明日手術だという患者に対しての言動。細心の注意を払ってほしいと思う。

12/24（金）

　午前 8 時に手術着に着替え、看護師とともに、エレベーターで 6 階の病室から 3 階にある手術室へ行く。手術室の大きな扉が開き、中へ入ると、とても大きな部屋で、おいらと同じ手術着を着た女性が二人。おいらと同じでこれから、手術を受けるのか。この同じ立場の女性 2 人を見て、なんだか、気持ちが落ち着いてきた。

　すると、1 番右の奥から、「對木さん、どうぞ」と呼ばれた。

　8:30 〜 10:00　　全身麻酔

　まず、ベッドの横に 2 人の麻酔担当の方がおられ、ベッドに横になる様に言われる。そして全身麻酔。ふたりで、おいらの背中の首あたりから、注射を少しずつ打ちながら、脊髄の中へ麻酔の布の様なものを入れているそうである。これに 20 分ほど。意識はまだはっきりとしている。が、このあといきなり、意識がなくなった。

　10:00 〜 14:30　　手術

　1 人が臍からおいらの肉体を 5cm 切り、そこからカメラを入れ、左右 2 か所から、鉄の棒の様なものを入れ、おいらのＳ状結腸にある癌を管ごと切断し、その切断したものを、へその下から取り出し、また管と管を結合するという。勿論、おいらには全く記憶がないが。看護師の話によると、術後は、3 つ位に分かれるという。

　1 つは、状態が悪い場合は、集中治療室に運ぶという。次が、ナースステーションで様子をみる。具合が良い場合は、そのまま病室に戻すという。

14:30 〜 15:30 覚醒

おいらに、意識が戻ってきた。ナースによると全く問題なく手術が終了したがおいらは、さかんに「人工ですか？　人工ですか？」と叫んでいたという。皆が「大丈夫ですよ」と言うと、「ありがとう。ありがとう。きょうはコーヒー飲み放題です。ドクターは、ホット？　アイス？　看護師さんは、どっち？」と言い、皆で笑いながら病室へ運んできた、という。

おぼろげながらの意識しかないが病室に運び込まれると「テレビを見ていいですか？」と言い、看護師は呆れたという。そのテレビをおいらは、覚えている。郷ひろみの殺虫剤のコマーシャルである。写メもある。すぐに家族に電話もした。内心「なんだ。手術って、たいしたことないじゃん。」と思っていた。

12/25（土）

本日、背中に埋め込まれた、麻酔布が抜き取られた。その後から、耐えきれない激痛に襲われた。

拷問の一つに寝かさないことがあると聞いたことがあるが、寝ていないので、死ぬほど眠い。眠いが痛みがそれを上回る。とにかく痛い。輸血に痛み止めを入れてくれるが、それでも痛い、痛い。痛い、

この激痛の中、男性の看護師さんが、「今日から、歩きましょう」という。術後なるべく早く歩くことが、臓器の癒着を防ぐ上でも大切だということである。

おいらは、体を支えて頂きながら、なんとか立ち上がり、歩きだすが、5歩歩いたところで、崩れ落ちてしまった。

血圧をはかると 70。この日は、これで、中止になった。

12/26（日）

　激痛は、まだ続いている。痛い、痛い、痛い。本日は、何と病棟を 1 周した。

12/27（月）

　激痛、3 日目である。本日は、病棟を 2 周した。

　実は、あまり書きたくはないのだが、看護師さんたちの名誉のために書く。

　おいらは、個室にいる。だから、部屋の中にトイレもある。実は、おいらのこの 3 日間の夢は、自力で、トイレに行くことであった。

　実際は、尿は、管でつながれ、自動で排尿され問題はない。が、もう一方は、紙おむつでそのままである。それを看護師さんが始末してくださる。おいらは、この時なぜか、あまり恥ずかしいとは思わなかったが、自身の状態を心底情けねぇ〜と思った。

　そして、看護師さんに言った。「ごめんね、こんなことさせて」「なに言ってるんですか。気にしないでください」「気にしますよ。なんで、こんなことしてくれるのですか？　なんで、看護師になったのですか？」

　おいらは、こんな状態でもペラペラと会話していた。すると「私は、昨日の對木さんよりもきょうの對木さんが少しでも良くなってくれれば、いいんです」信じられない言葉でした。

　看護師さんは、天使。男の看護師さんは、なんていうのかな？

そして、ドクターは、ほんとに神様だと思いました。

　世の中には、どうしようもないドクターもいるのだろうが、今回のこの西澤市民病院の看護師とドクターは、本当に、天使と神様でした。

　教師だって、同じ。どうしようもない奴もいれば、心から尊敬できる教師もいる。どの世界も同じであろう。だから、知らない世界。体験もしたことのない世界の事を表面だけで、聞きかじったことだけで揶揄する様な言動をしてはならない、と強く思った。どの世界にも自然と頭が下がる凄い人はいるのである。

　痛みは、徐々に軽減してきたが、まだまだ、とても１人で、歩ける状態ではなかった。

12/28（火）
　本日は、病棟４周である。

12/29（水）
　本日は、なんと病棟８周＋１階のコインランドリー。明日の採血で、退院の日が決まるという。

12/30（木）
　採血

12/31（金）
　おいらは、なんと大晦日に退院することができた。つまり、

考えられる最高の形で、進行性Ｓ状結腸癌 Stage ３ｃからの復活である。

1/18

　年が明け、術後、はじめての主治医との問診である。

　採血の後にお会いすると「問題なしです。それから、對木さん、Stage ３ｃではなく Stage３２ａでした。今後のことですが、大腸癌の場合は、法的に５年間の検査を行います。血液検査を３か月ごとに、ＣＴは半年ごとに、内視鏡検査は１年に１回行い、５年間、再発がなければ、そこで、完治となります」

「先生、昨年の暮れ、手術していなかったら？」

「それは、間違いなく死亡してますよ」

「先生、術後、薬一つ飲んでないし、放射線や抗がん剤治療等もしていないのですが、宜しいのでしょうか？」

「薬、飲みたいですか？　今は、血液検査で大体わかるんですよ。對木さんの場合、全く問題がありませんよ。」

「そうですか、運がいいのですか？」

「そう、運がいいいいですよ。對木さん」

「では、今日を命日として、一日一日感謝して生きていきます」

「そう、それがいいですね」

　その後おいらは、非常勤講師には復帰せずにいた。そして、お店は、ほそぼそと営業していた。

7. インドネシア語の講師

　3月教育委員会から、お願いがありますと連絡がきた。
「對木さん、インドネシア語の講師をしていただけませんか？」
「インドネシア語の講師？」
　インドネシア人の男性と結婚され、インドネシアで永住されていた日本人の女性がいるという。彼女には、2人のお子さんがいる。ところが、不慮の事故で、ご主人が亡くなってしまったという。そこで、彼女は、ご自分のご両親の住む日本にお子さんとともに来日されたという。お子さんは、学齢で中1の男の子と小6の女の子である。
　おいらに、この2人の小学校と中学校へ行って、インドネシア語の指導ではなく、インドネシア語で会話をしながら、日本語、日本の学校・文化についての学習をして欲しいという。インドネシア語を使って、こんな指導ができる人は中々いないという。おいらだってできるかどうかわからないがとにかく引き受けることにした。
「スラマット・シアンは、こんにちはと言います。きょう、月曜日は、ハリイニ・ハリスネンといいます。ありがとうは、テリマカシー」
　こんな具合である。
　2人においらのインドネシア語わかりますか？　と問うとよくわかるという。
　おいらと勉強してどうか？　と問うと、とにかく「楽しい。嬉しい」と言う。「何故？」と問うと「だって、お母さん以外、

インドネシア語でお話しができる人が誰もいないから」

　そりゃそうだ、おいらが、もし、ロシアにでも行って、日本語を話す人が誰もいない中、片言でも日本語を話す人がいたら、それだけで嬉しいだろう。

　この貴重なインドネシア語講師も今は終え、おいらも 66 歳になった。春休みにこの中学生の男の子が、おばあちゃんとおいらのカフェに来店してくれたのは、嬉しかった。

平塚市の音楽会

8. カフェのお客様

　今は、週3日（金・土・日）のカフェの経営に専念している。カフェでの様子・出来事なども少し述べてみよう。

　経営するにあたって、おいらの脳裏には、いつもカフェの師匠の言葉があった。「對木さん。人には、波長が合う、合わないというのがある。波長の合わない相手にペコペコなんぞするな。人生で、出会う人の数など微々たるもんだ。あんた、今まで、波長の合わない奴、嫌みを言う奴、理不尽な仕事等を数多くやってきただろ。だから、これからは、自分の信念に従って生きてみな。それで、客が来なかったら、店をたためばいい。それだけのこと」

　で、おいらのカフェは、今、6年目。嫌なお客様など誰もいない。みんな、このカフェ茅風での豊かな時間を楽しんでおられる。

　高校時代の友人2人から始まり、そこから10名ほどまで膨らみ、グループラインまで作っては、隔週で楽しんでいたグループもあったが、残念ながら今はない。それは、それで仕方ない。その中にどうしても波長の合わない輩がいたからだ。そんな輩とつき合う暇はない。

　6年の時を経て、この店が、マスターのおいらが、気に食わない方もいたであろう。それは、それで構わない。そんな人は、お願いだから、もう来ないでほしい。他所にカフェなどいくらでもあるであろうから。

　さて、それでは、この6年間で波長が合ったお客様について、

簡単に記す。

　まず、貸切りでジャズの生演奏を２度ほど行った。おいらの
カフェは、定員 20 名である。投げ銭での演奏は、素晴らしか
った。ハーモニカのプロによる生演奏も行った。プロは、やっ
ぱり素晴らしい。

　続いて、「私、以前、ヨガを教えていました」の一言から始
まったヨガ教室。これは、月１回、カフェの開店前の９時か
ら 11 時まで、６名を限度にコロナ前まで行っていた。

　営業日には必ず、施設に入所されているご主人のお見舞いが
てら、おいらのカフェに立ち寄るおばあちゃんがいらした。１
日に２度来られることもあった。ご注文は、「おいしいコーヒ
ーをください」そして、お会計では、「おいくら？」と尋ねて
こられる。「４８０円です」とおいら。

　ご自宅で、アクセサリー製作の指導をされている方は、「マ
スター、このお店にお弟子さんを連れてきて、アクセサリー製
作をやってもいいですか？」と言って、不定期にアクセサリー
製作教室が開催された。

　横浜から１人わざわざ来店され、その都度、珍しいコーヒ
ー豆や雑誌等をくれる青年。足の悪いおいらの為に、彼が紹介
してくれたドイツ製のサンダルを、おいらは今も履いている。

　３人組の男性２人と女性１人のグループ。話を聞くと裁判
所関係のお仕事仲間であった。この女性は、その後、１人で来
店され、おいらの店のマイカップまで作ってくださった。

　中山さんは、２週間に１度来店される。おいらの癌の先輩で
もある。ご自分の歩まれてこられた人生をよくお話され、これ

からの人生をどう歩んでいこうかと自問自答されておられるところに、おいらはとても好感をもっている。

　かつての教え子達もたくさん来た。

　おいらが、教師2年目、3年目のとき、5〜6年の担任をした。この時、おいらは、子供たち1人1人に大学ノートを配り「みんな、作文は、好きか？　先生は、大っ嫌いだった。でもな、毎日なんでもいい、このノートにその日のこと、あるいは、今自分が考えていることを、1行でもいいから書いてみてくれ。みんなのこのノートを毎週土曜日に先生が集める。そして月曜日にみんなに返事を書いて返す」なんてことをおいらの閃きから始めた。

　数年前、2人の女性が来店された。あの当時の教え子でした。彼女たちは、各々数冊のノートを持参していた。なんと、当時の大学ノートであった。

　6冊のノートを前に「先生この時いくつでしたか？」「えっ。27歳」「信じられない！　27歳の男の先生が、2年間、1人6冊にもなるノートに毎週毎週お返事を書いてくれたなんて。」「別に大変じゃなかったよ。だって、先生のほうから、みんなにお願いしたことだから。」

　教師冥利に尽きる、ひと時である。

　おいらは、音痴である。ただ、60歳を過ぎて克服した。信じられない。

　おいらは、ピアノが弾ける。バイオリンだって、5年間も稽古した。「禁じられた遊び」が弾きたくて、高校の時、荘村清志先生のNHK「ギターを弾こう」で、弾けるようになったし。

　ブラスンバンド部に身を置いて、トランペットで、ニニロッソの夜空のトランペットも吹いた。10年お稽古したピアノに至っては、「エリーゼのために」だって暗譜で弾ける。だけど、「自分は、何故か音痴なんだ。」と思い込んでいた。

　音痴に関する3つのトラウマがある。

　・教師になってすぐのこと。友人の知り合いに音大の学生で、家で歌を教えているという子がいるという。ワンレッスンで2,000円。2年生の担任になったおいらは、子供たちと一緒に歌を歌いたくて、模範になるような歌を歌いたくて、そこに通いはじめた。3か月ほど過ぎたある日この歌の先生が。「對木くんて、拳法が凄いんでしょ」と訊いてきた。「いや、まあ」「いいじゃない。1つ得意なものがあれば」これは、いったいどういうことだ。つまり、首なんだ。

　この時からさかのぼること、10年ほど前、高校の音楽の授業でテストがあった。教師がピアノを弾き1人1人がその横で歌う。おいらの番がきて、おいらは、一生懸命に歌った。その後先生が鍵盤につっぷしている。お腹でも痛くなったのか。否、笑っていたのである。

　3つ目は、銀行員時代である。新規スナックのメインバンクを契約したおいらを祝って、得意先課のみんなで、そのスナックへ飲みに行った。

「對木よくやった。歌え」「支店長、それは、やめた方がいいです」「何をばかなこと言ってる、早く歌え」

　しかたなく、おいらは歌った。そうしたら支店長は「もう2度と、歌うな」と。

さて、こんな3つのトラウマを背負ったおいらが、横浜から偶然おいらのカフェにご来店された女性と話していた時のこと。その人が、「あなたは、音痴ではない」と言う。この女性は、何と歌の指導をされている方であった。

おいらが「たとえば、カラオケに行って、友達が80点台、あるいは、90点台の得点を出しても、おいらは、いいとこ70点台。いつもは60点台です」と言うと、「絶対に音痴じゃないです。ほんとに音痴なら40点位ですよ」と。

そして、ひょんなことから、前著の祝いにかけつけてくださった高校時代の恩師の川口先生や教頭時代の同僚と、1人30分ずつ歌のレッスンを受けることになった。

高校時代の恩師（川口先生は、今回のこの書物の誤字脱字の訂正にも尽力してくださいました。感謝）と共に、歌のレッスンを受けるのも、不思議な気分である。

そして、その後、とんでもない出来事がおきた。

レッスンを受け2か月ほどたった時、何気なくカラオケに行ってみると、どの曲を歌っても80点台なのである。5ヶ月後には、渡哲也の「ありんこ」を歌うと、なんと94点。

そのことを歌の先生にお伝えすると「マスター。どんなに甘い得点の機械でも、まぐれでも94点はでませんよ」

65歳にもなって、おいらの得意なことがまた1つ増えた。それはカラオケである。

ここからは、珈琲＆紅茶に絞っての素晴らしいお客様2名について記す。

まず、基礎知識として、少々、

　・日本茶は 60 度、コーヒーは 90 度、紅茶は 100 度がお
　　いしさの目安だと言われている。

　・珈琲には、3 種類の淹れ方がある。サイホン・ハンド・
　　プレスである。

サイホンは、正直あまり美味しくない。なぜなら、沸騰した
100 度の熱湯を使うから。でも、視覚的にはおしゃれである。
ハンドとは、ペーパーを使って手で淹れることである。淹れ方
によって、珈琲の味・香りは全然異なる。もちろん、おいらの
カフェはハンドである。では、プレスとは何なのか？　おいら
のカフェでは、プラス 150 円で、プレス珈琲が飲める。実は、
プレスとはもちろん英語で、その意味は圧縮。つまり、よく紅
茶で使われている 3 分経ったら押して飲むあれである。あれが、
本来のプレス珈琲である。紅茶の飲み方としては、誤りなので
ある。では、その説明をする。

　プレスコーヒーとは、コーヒー豆に含まれる油分も一緒に飲
めるのである。だが、当時の日本人は、脂っぽいプレスコーヒ
ーになじめなかったようである。それが、いつの間にか、紅茶
で使われ出したようである。

　おいらは、3 年ほどで、珈琲を、ハンドで安定して淹れられ
るようになったが、紅茶は、今でも緊張する。紅茶は、色・香
り・味の 3 点で勝負する。

　この 3 点を均等に表現することは、かなり難しい。つまり、
紅茶はジャンピングさせて淹れるのである。圧縮させて淹れる
プレスとは、真逆の淹れ方なのである。どの世界も極めようと

すると、奥深いものである。

　カフェの経営をして、6年目になるが、今までで、1人だけ「マスター、この紅茶、ジャンピングで淹れてますね」と言われた方がいる。ジャンピングという言葉を使われたお客様は、その方ただ1人である。

　珈琲については、最近おいらの太極拳のお弟子にもなった響子さん。初めて、ご来店された時「珈琲、めちゃくちゃ美味しいですね」と言われ、バスで30分かかるにもかかわらず3日間続けてご来店された。1か月ほど過ぎて、いつものように珈琲を飲みながら話をしていた。

　話が盛り上がってしまい、だいぶ時間が経ってからその珈琲を飲んだ。「マスターの珈琲冷めてもおいしい」「さすが、良くわかっていますね。例えば、この間TVでやっていましたが、1杯3,000円の珈琲は注文してから提供までに30分ほどかかるそうです。もちろん冷めているそうです。でも、美味しいとか」

　珈琲は、90度で淹れるが、美味しい珈琲は、冷めても美味しいのだ。

　もう一人の珈琲のお客さん。彼は、高校〜大学の級友、幾である。「おい對木、頼むから、このアイス珈琲の淹れ方教えてくれ」「絶対に嫌だ」彼とはこんやりとりをしていた。

　彼は、アイス珈琲セットなるものまで購入して、試しているのだが、おいらの店の味にはならないという。彼は、梅林を持ち、梅ジュースや梅干し等を作っている。

　現在、彼とは、おいらの店のアイス珈琲と彼の梅ジュースの物々交換をしている。アイス珈琲で、もう一つ。おいらの店で

は、アイスコーヒーを頼まれたお客様にガムシロップ＆ミルクを提供しない。もちろん、頼まれれば提供するが、80％提供しないですむ。どういうことかというと、本当に美味しいアイス珈琲は、ガムシロップやミルクなどなくても美味しく飲めるということである。ホット珈琲しかりである。

　なんか、書き続けるときりがないので、最近70代のおやっさん2名とおいらの3名で、グループラインを作った、その面々について、軽く触れて、終わりにする。

音楽好きのたかぎさん

　たかぎさんは、長年楽器の演奏をご趣味とされ、どことなく一流企業を退職された知的なお偉いさんという風情の方である。

　たかぎさんは、おいらの大腸癌の闘病の一部始終を、熱心に聞いてくれた方でもある。

　そのたかぎさんが2月になって、かなり深刻なお顔で、「マスターお話がある」と。

「実は、私、癌で下旬に入院して、手術を受けることになりました」と。

　入院されてからも、手術前日も術後もラインで連絡をとりあった。結果は、大成功。今では2人とも元気いっぱいでいる。そして「あのときマスターから、いろいろな話を聞いていて良かったよ。なるほど、これがマスターの言っていたあれとか、安心して入院生活を送れました」と言ってくださった。

○広瀬さん

　広瀬さんについては、書き出したら止まらないと思うので、簡潔に。

　まず出会いは、散髪である。広瀬さんは、床屋さんである。

　その時、「おいら、駅の近くでカフェをやっているんですよ」と言うと「はあ？元教師にカフェなんぞできるわけないでしょ」「えっ、やってると言うやつにそういう言い方はないでしょ」「でも、教師なんぞにできないものはできない。おれは、実際に知っている」

　数日たって、1枚の自家製の紙に宮沢賢治の「雨にもまけず」を自筆で書かれたものを持参され、「過日は、誠に申し訳なかった。これで、ご勘弁願いたい」と

　前にもそんなお客様がいたな。仕方ないか、元教師というと確かに上から目線でしゃべり、わがままな奴が多い印象をもたれているようである。

　確かにそんな輩もいるが、心から尊敬できる素晴らしい教師もいるのである。どの社会も同じだろう。

　おいらは、酒も飲めないし、裏表を使い分けたり、おべっかを言ったりできないので、初対面の方とはよくケンカのようになる。素手なら、おいらの方が強いという自負があるから初対面の方であっても言いたいことを言う。

　で、広瀬さんとは、その後とても仲良くなった。年齢はおいらより5つも上であるが、そんなことは関係ない。おいらたちは、よく似ている。まず人の話は聞かない。それよりも自分

の事をばかりよく話す。

　例えば、おいらはよく後輩に「先輩それ何回も聞きましたよ」
と言われる。「馬鹿野郎、５回までは、初めて聞いたふりをす
りるのが礼儀だろ」広瀬さんも全く同じである。

　おいらの店は、金、土、日の３日間の営業である。ある日
広瀬さんが、「マスター明日お休みだよね、お店、開けれる？」
「なんで？」「マスター、足悪いし、水槽かなり汚れているから、
明日、洗ってもいいかな」「マジですか？」

　次の日広瀬さんは，本当に訪れ水槽を店の外まで持ち出し、
きれいに洗ってくれた。

　おいらのカフェには、小さな庭園もある。「明日は、池をき
れいにしますよ」

　結局２日間にわたって、お店の水槽と庭の池をきれいにし
てくださった。

　すべて、ボランティアである。

　おいらは、教師としての人生は、大変だったけれど、幸せだ
った。

　わけもわからず立ち上げたカフェもたった６年間だけでも、
まだまだ語りつくせないほどたくさんの良い出来事がある。や
はり、幸せである。

　もうしばらく続けようと思うが、正直お客様はあまり来てほ
しくない。「波長の合う方と残された人生を歩んでいきたい」
と思っているからである。

9. 突然の腸閉塞＆まさかのギックリ腰！　對木の追記

　本書の原稿を壮神社の社長に提出した2日後の2023年12月7日（木）夜、9時に夕飯を済ませたおいらは、そろそろ休もうとした時、なんだか、おなかの横行結腸のあたりが、しくしくと痛み出す。あまり気にもとめずにいたが、痛みが段々と増し、時計を見ると11時。家には、一人。

　横を向こうが上を向こうが、立っても座っても痛みが軽減せず、午前2時頃には自分自身もう限界だと、救急車を呼ぼうかな？　と考えはじめる。この時の記憶は、もちろん痛みが限界なのと何かとんでもない病気で、手遅れになったら、やばいなと。

　だけど、この時点で、おいらは、2Fの寝室から1Fの玄関まで行き、鍵を開けるのは無理との判断（呼べば、玄関をぶち壊して入ってきてくれるのだろうか？）から、結果的に朝まで耐え、おいらのお弟子の一人に連絡がつき、何とか玄関の鍵を開け、一番近い市立病院へ駆け込んだ。おなかは、膨れて大きな風船の様で、針でさせば、パーンと張り裂けそうであった。

　すぐにCTを撮った結果、ドクターが「對木さん。腸閉塞です。鼻から管を入れます。このまま入院となり、3日間は絶食となります。大腸から小腸そして胃まで内容物がいっぱいで、3日ほどかけて対外へ出します。その後の治療は、状況によってまちまちです」

　とにかく、おいらの腹痛の原因は腸閉塞で、どのくらいの入院になり、今後どんな治療が行われるかは、わからない。

　３日間鎮静剤を入れてもらいながら、痛みは、徐々に薄れてきた。この最初の３日間、おいらは、ベッドの上で必死になって、腸閉塞についてネット検索をした。腸閉塞を甘くみるな！　とか、死をも伴う怖い病気である。とかかなり厳しい内容で、場合によっては緊急オペでの大手術もある。ただ、軽く済む場合は、３日ほどの絶食後に自然と便通が改善することもあると。

　しかし。２年前の年末は、大腸癌で手術し、今回もまた入院となるとは、おいらにとって、12月は鬼門である。２年前、マジで死を覚悟したが、結果は、考えられる最高の形で、クリスマスイブに手術をして大晦日に退院した。

　今年９月には、厨房で仰向けにぶっ倒れ、九死に一生を得た。今回は、毎日レントゲンを撮り、何と３日目に便通が通り、ドクターが４日目にレントゲン等の結果から、「對木さん。凄い。お腹も空っぽ、明後日退院できそうですよ」と

　看護師さん達も喜んでくれたのも束の間「對木さん。良かったですね。血圧計りますね。」「ちょっと、待って。さわらないで！」「えっ！どうしたんですか？」「看護師さん、ギックリ腰やったことある？」「ありませんよ」「おいら、今ギックリ腰！さっき、退院できそうで、ベットでガッツポーズしたら」「さわらないで！」「痛いの？」「痛いなんてもんじゃない。ある意味腸閉塞より痛い。」

　この時に友人に送信したライン
　『一難去って、また一難。急速充電で、今朝には鼻からのチューブも抜け最速退院も見えてきましたが、なんと今朝から、

ギックリ腰。ある意味、腸閉塞より痛いよ。漫画みたいな人生です。う・う・動けない』

　そんなこんなで、結果は、最速退院とはなりましたが、歩いて入院したのに退院は、車いすで病院の玄関までになりました。

　　　　　12 月 14 日（木）常連のお客様へのライン

　　　　　　　　ついキングだより

　突然激痛の腸閉塞＆まさかのギックリ腰も、最速充電で、今夕退院となりました。ギックリ腰まだ痛いので明日一日はそっとしておいてください。明後日 16 日（土）より茅風太極拳＆カフェを通常営業で行います。ご心配をおかけし申し訳ありませんでした。また、宜しくお願い致します。　カフェ茅風

　まさか、本書にこんな形で執筆することになろうとは、最後にもう一度、人生、摩訶不思議である。

別章〈コラム〉

ふと思ったこと

第１話（職・専・免）職務専念義務免除て何？

　先生は、夏休みがあって、いいですね。

　ありますよ。5 日間。ただ以前は、職・専・免（子供たちが夏休みで、学校へ登校しないから、教師も自宅で、教材研究などしても構わない）というものが確か 7 日位あって、5 日と 7 日で 12 日。これに、年休を加味すれば、世間的には、先生にも長い夏休みがあっていいな。ということになったのでは？

　そんなに、日本の社会って、みんなと同じじゃなきゃいけないのかね？　そんなに、教師の夏休みが羨ましいのなら、教師になればいいじゃん。

　でも、これも過去の話。現在は、子供たちが夏休みの間に、これでもか、これでもかという位の研修が仕組まれています。それらの研修、本当に意味があるんですか？

第２話　１クラスは、６０人からスタート

　教室の広さは、30 坪です。戦後、1 坪に 2 名で１クラス 60 名からスタートした。今は、35 名である。1 クラス 35 名ということは、簡単に言えば1 クラス 35 名以上のクラスがあっては、いけないということである。すなわち、ある学年の児童数が、71 名であったら、その学年は、24 名、24 名、23 名の 3 クラスになるわけである。

1クラス、24名。おいらが教師になった時は45人学級で、おいらの学年の児童数は89名だった。だから、おいらが初めて受け持ったクラスの人数は44名だった。

　じゃ、今の先生は、子供の人数が少なくて楽だねぇ。ところがどっこい、そうは問屋が卸さない（古い言葉だね）。はっきり言って、今の方が大変である。

　善悪を抜きにして、事実をお伝えすれば、６０人学級の昔、子供たちは皆きちんと席に着席していた。まだ、小学校で教えてもいないのに自分の名前くらいは、何故かひらがなで書けた。教師に叱られれば、理由もわからず親にも叱られることが多かった。

　子供たちにとって、理不尽なことが多かった様な気がする。早く大人になりたいと思ったものである。今は何故か、子供が羨ましくなってくる時がある。お子様である。

第3話　残業手当がほしいくらいだ

　サザエさんではないが、午後6時に家族そろって夕ご飯なんて、夢のまた夢である。

　数年前、某新聞に「教員にタイムカード導入」という見出しが一面に出た。

　やった、これで給料増えるぞ。

　だってその時、おいら普通の学級担任をしてたけど、毎日、

夜の9時前に職員室を退出したことはなかった。1日の残業時間が4時間として、20日で、80時間。1時間1千円の残業手当として月に残業手当代だけで、ざっと8万円になる。もちろん夢で終わった。どこかで、気づいたのだろう。とんでもない支出になることを。

　ということで、おいらたち公立学校の教師は、残業時間換算の残業手当などないのである。もっとも1万数千円の一律の手当はあるが。毎日5時に帰宅できれば、そんなものはいらない。

　もっとも、ほとんどの教師はお金のことなど考えずに職務を全うしているのが現実である。

第4話　復活してほしい県外出張

　昔2年に1回位の割合で、県外出張というものがあった。確か2泊3日で、おいらも3回ほど経験した。

　青森県、新潟県、京都府の研究発表の行われている小学校へ行った。今そんなものはない。思い起こしてみると、3日間、自分のクラスを自習にしていくわけである。もちろん隣のクラスの先生などが、時々は見にくるのだが。

　今こんな出張はないが、大体自分のクラスを3日間、自習にして出かけるなど、想像もつかない。

第5話　駐車料金は、自腹

　20年ほど前から、学校敷地内に車通勤している教職員の車を止めることができなくなった。

　理由を聞くと、学校敷地内は子供たちのためにあると。車通勤するなら、敷地外の民間の月決め駐車場を借りることになった。駐車代は、自腹である。そのくらい手当で出してよ。バスや電車での通勤は全額出るのに。しかもバスや電車では、午後からの出張など4時間目が終わってからでは、間に合いませんよ。

　そういえば、20万円もするワープロもみんな自腹で買って持っていた。一太郎なんてやっていたら、民間に努めてる友人に先生って大変だねって同情された。

第6話　たいてい校長は、来年度の希望学年を第3希望までアンケートで聞くが、結局は、固定化される学年

　昔は、力がなければ、高学年を受け持たせてもらえなかったらしい。

　現在は、高学年を希望する教師が少ない。

　40数年前のTV番組の「熱中時代」でも、ある男の先生（秋野大作）が、トイレで「あ〜あ、また2年だよ。俺、いつになったら校長に認められて、高学年の担任をまかされ、卒業生を

送り出せるのだろう」と言っていた。

　おいらなんか、見てくれは強面かもしれないが、低学年（1・2年生の子供たち）が大好きで、1週間もすればよくなついてくれるのだ。いつも希望アンケートをとってくれるから、1年2年3年と書いて提出したが、ある学校の7年間は、5年→6年→1年間の休職→5年→6年→5年→6年だった。

　校長と校長室で話し、問いただすと「君に高学年を受け持ってもらうと、安心でね」との答えだった。

　おいら、校長先生を安心させるために高学年の担任をしてるわけ？　だったら、高学年手当位出したら？　と思う。

第7話　学級経営困難学級は、往々にして着任教諭が担任になる。

　今度は、どの先生が担任になるのか？　子供たちも親も大変気になるところである。裏を返せば、教師も今度は、どの学年のどのクラスを受け持つことになるのか、大変気になるものである。

　ある学校に勤務した時、教職員男子ロッカーで毎日のように言われた。

「先生、大丈夫ですか？」

「先生、きょう何も問題ありませんでしたか？」

「私のクラス、去年何かあったんですか？」「あったのなら、

あんたらが受け持ったら」

　往々にして、昨年問題のあったクラスを転任者に受け持たせることが多いようである。

<u>第８話　教員に限ったことではないようであるが、モンスターに怒らない、怒れない管理職が多いようである。</u>

　とにかく、よく頭をさげる（ペンギンみたいに）。話をじっくりと聞く前から、頭をさげつづける。事を無難に過ごしたいようである。

　おいらも、教員最後の４年間、管理職であったが、教頭職という仕事の書類処理の尋常でない多さには辟易したものの、ついぞ親に対してはペコペコなんぞしなかった。
「地獄の教頭」という題名のコミックがコンビニで販売されているのには笑った。購入して読むと、真実が良く描写されていた。

<u>第９話　おいら、講演会を乗っ取ったよ！</u>

　長年の教員生活で、強烈に残っている思い出がある。

　午後、子供たちが下校してからの出張であった。各校２名

出席の警察の方が講師の安全教育だったが、途中から、護身術の話になり「みなさん、席を立ち後ろで実技をしましょう」ということになった。その実技の内容があまりにも、現実離れしているので、我慢ならず「　もっと、意味のある研修してくださいよ。そんなんじゃ、護身術で使えませんよ」と言ってしまった。

「では、君がやってくれ」ということで、後半の講演は、おいらが話しまくった。

　橘先生と参加したので、彼が証人である。

第 10 話　4:00 ～ 4:45 が、休憩時間て何？

　昔、教職員の勤務体系は、「4 時 15 分、退出保障」というのがあった。どういうことかというと、おいらたちには昼休みがない。給食を子供たちと食べるが、それも給食指導という仕事である。だから昼休みの休憩の 45 分間を退出時間の 5 時から 45 分さかのぼって、4 時 15 分が退出保障時間となっていた。これが問題になっていたようである。

　学校の先生は、5 時前にスーパーにいるとか。ほとんどの先生方は、5 時に帰れるなんてめったにないのにね。

　でっ、正規の退出時間の 5 時から 1 時間さかのぼって、4:00 ～ 4:45 を休憩時間にし、何と 4:45 ～ 5:00 を勤務時間にしたのである。5 時までは、学校敷地内から出さないように。

漫画みたいな話だが、でも事実である。

第11話　リモート、指導主事が行えばいいのに！

　コロナで、子供たちも学校へ登校することが難しくなってきた。一般企業もそうであるように、子供たちもリモートで授業を受けるようになったと聞く。

　教育委員会には、指導主事と言われる方がいる。学校研究などで、各学校の先生方の授業を見て指導をしてくれる。

　市の子供たちが皆、指導主事から同じ授業を受ければ先生方にとっても勉強になるだろうし。各教科担当の指導主事の方が、授業されたらと思うのは、おいらだけだろうか？

第12話　やめていく教師たち

　おいらは、民間企業から教職の世界へ転職した。民間を経験して、教員になったことをずいぶんと評価された。

　おいらの時代、やめていく教師はほとんどいなかった。最近では、1年と経たずに教職を去っていく若者がかなりいるようである。何故だろう？

　最近のTVのCMを見ていても転職の勧めのようなCMを

多く目にする。どんな仕事をしたって、理不尽な事は、たくさんあるよ。石の上にも３年。おいらは、もう古い人間なのか。

第13話　大学の第２外国語って、知ってますか？

大学へ行くと、たいてい第２外国語として、ドイツ語か、フランス語を履修する。ここで言いたい。「あの第２外国語にも高い授業料、私達親は支払ってるんですよね。ちょっと待ってくださいよ。うちの息子・娘英語の会話だって、まだままならないのに、第２外国語などやらせてどんな意味があるんですか？」とか、大学へクレームをつけるモンスターはいないのかね？

第14話　最後は、好き・嫌いかな？

　好き・嫌いに理由などない。
　人生、長年生きてきて振り返った時に最近しみじみ思うことがある。好きなことをできた人生が幸せなのではないかと。
　おいら、天気の良い日にハイキングに行こうと言われても、まず行かない。何故って嫌いだから。それに対して暑かろうが、寒かろうが、毎週道場に通う。何故か？　好きだから。

究極的な理由は、これしかないと思う。だから、好きな事に出会うことが大事だし出会えたら、それを飽きることなく続けていく事が真の幸せにつながっていくのだと思う。

おいらの弟子

石川岳先生からの手紙

栗原先生のお言葉（60頁）

「あなたもこれから、10年20年と教職の道を歩んでいかれれ
ば、きっとあなたを慕い、あなたの話を聞きにくる次の時代の
若い先生がおられるでしょう」と言われました。

　その一人が、石川岳先生である。

　2006年4月、1人の青年が新採用教諭として本校に赴任さ
れた。背が高く足の長い爽やかな感じのする青年である。彼が、
石川岳先生だ。

　歓送迎会の時、司会のおいらが石川岳先生を紹介すると、彼
は「對木先生のような方に、先生と呼ばれるとは光栄です」と
まず挨拶をした。若者らしからぬ世辞の旨い男だというのがお
いらのその時の印象である。

　1ヶ月後、おいらは彼の初任者研修で、人権教育の授業を見
せることになった。この授業で、彼は泣いていた。随分と感受
性の鋭い青年だと感じた。

　おいらには、師と呼べる尊敬できる方が数名いる。反対に弟
子と呼べる人もかなりいる。石川岳さんは、教師というおいら
の生業で出会ったお弟子である。おいらにとって、貴重な存在
である。

　彼に授業をみせると、1通の手紙を受け取った。その後、毎
月のように彼から手紙を受け取ることになる。

　その13通ほどになる手紙の全文は、前著に掲載したが、こ
こではその初めに受け取った手紙を掲載する。

　書物を読んだり手紙を書くという行為は、気持ちと精神が整

わなければできない大変かつ素晴らしい行いであるとおいらは思っている。

　彼とは２年間という時間を共有して、おいらは他校へ転勤した。その翌年、彼も転勤になり、おいらの学校へと願ったそうであるが、それはいくらなんでも無理な相談である。ところが、わずか３年でおいらはなんと彼の赴任校へ、教頭として転勤することとなった。

　引継ぎの関係で、彼の学校の教頭さんを訪ねた時、彼がおいらをみつけ、彼の教室に行くと「ついキング、師匠、何しに来たのですか？　もしかして、まさか教頭として？」彼は、教室から彼の奥さんに電話した。奥さんもおいらのことは、よく知っている。

「あやちゃん！　つ・ついキングが！」

「えっ〜！　死んじゃったの？」

　こんな、本当に奇跡的な再会があり、おいらは今度は、彼の上司として２年間を過ごすことになった。

　そこから、かれこれ10年。今では、同僚でも上司でもなく人生の師匠と弟子としてお互いに刺激し合いながら、この人生を楽しんでいる。

　この書籍を上梓するのも随分と手助けしてもらった。そして、１０年振りに、またお手紙を頂いた。そして、それを本書の推薦文とした。

　以下は、彼のおいらに対する初めてのお手紙である。

拝啓　對木　佳史様（最初にいただいた手紙）2006 .10 .14

「教師から最も遠くにいるようでいて、実は最も教師らしい人」
これが、對木氏を形容する言葉として最も適していると思って
いました。しかし、日々、對木氏に触れるにつれ、對木氏を形
容するこんな言葉が浮かびました。
「いばらの道を、口笛を吹きながら疾走する人」でもあろうと。
　　そして、いつか読んだ本のこんな言葉を思い出しました。
「犬に骨を一つやるのは、慈善ではない。犬と同じように自分
も飢えている時に犬といっしょに骨を食べる。それこそが慈善
だ」
　　なぜ、こんな言葉を？　　それは、對木氏が常に「何かを与え
る人」だから、与えようとする人だから。それでいて、それは
恩着せがましくなくとてもスマートだ。そして、その機たるや、
瞬時である。
　　そのバックボーンを詮索しようとは思わないけれど、今いる
對木氏は、瞬時に何かを与えようとしてくれる人なのです。そ
れが「温かい」と思うときもあれば、「有難い」と思う時もあ
ります。
　　人は、余裕がないと、人を助けられない。でもそれは、言い
訳にしか過ぎない。眼の前に悲しんでいる人がいて、苦しんで
いる人がいて、それを自分の仕事があるからと見てみぬふりを
することなど本当はできない。
　　けれど、この学校現場では、そうしたことがよくある。何よ
りも優先すべきは眼の前にいる「子ども」のことのはずなのに、

制度が邪魔をしたりする。

　對木氏は、我がクラスで一度授業をして下さった。珍採用の私は、その１度の授業で、對木氏にこのクラスを乗っ取られるかと思いました。

　また、たびたび我がクラスのピンチ君やピンチさんを助けてもらいました。もはやこれは偶然ではないのでは？　と思うくらい。そのたびに思うんですよね。「ああ、この人は、眼の前で苦しんでいる人を、何も考えずに助けようと動ける人なんだ」と。むしろ、気づいたら助けていたといったほうが良いかもしれない。

　だから、発言や言葉に言い訳や後ろめたさがない。からりとしている。その強面から、見間違えている人はいるかもしれないけれど、僕はもう知っていますから。

　對木氏は、本当の意味で、「強く、優しい人である」と。

　毎日のように行われるパワハラも、珍採用の居場所を作る優しさであると。子ども以上のいたずらも、可哀そうな珍採用を慰めようとのせめてものユーモアであると。

　最後に格闘物にとても抵抗がありましたが、對木氏のパソコン画面を見るたび、机の横にあるグッズを見るたび「燃えよドラゴン」を見てみようと思いました。これは、私の中で起こった奇跡です。その奇跡に感謝しながら。

2006.10.14　石川　岳

おわりに

　教師がブラック？　おいらが教頭で、早期退職した2015年頃からこんな言葉が聞かれるようになった。最近では、教師のなり手がいないとか。

　教師になっても一年も経たずに辞めていく教師もかなりいるとか。どの学校にも心を病んで療休になっている教師がいるとか。どうしちゃったんだろう日本。

　おいらが教師になった1980年代は、教師の採用が極端に少なく、採用試験に通るのはとても難関な時代であった。

　よく言われる言葉で、私達は、家庭・学校・社会で育つという。この3者を比較すると、家庭と社会は目まぐるしく進歩してきた。戦後、チンしてハンバーガーを食べ、マイカーでパパが「行ってきます」と出勤する欧米人の姿を見て、おいら達日本人は憧れにも似た感情をもったようである。

　そんな生活をおいら達は今、享受している。物質的には享受しているが、心が貧しくなってきているようである。何故なのだろう。

　三者で比較すると学校は一番変わっていないと思う。体育館にグランドピアノがあって、最近やっとＰＣが導入されてきたくらいである。それなのにその学校が教師がブラックで、子供たちが危ないという。

　本当にそうなのだろうか？　自ら、なりたい将来の職業を選び、ほぼ自分の考えで日々の教育活動を行える。こんな素敵な職業がなんで、ブラックなのだろうか？

それがおいらが今回執筆した前著合わせて２冊のこの書籍である。

　大きくなったら、おとなになったら、＜学校の先生になりたい＞ いつまでもそんな、日本の社会であってほしいと心から願う。

【出版書籍＆ DVD】

書　籍
　◎インドネシア拳法シラット（基礎編）
　◎インドネシア拳法シラット（応用編）
　○自然治癒力の実証
　◎最高の名医は、自分自身
　◎不審者対応 inJAPAN
　◎おいらの夢は、学校の先生
　　（◎は、紙の書籍と電子書籍）

DVD
　○インドネシア拳法シラット（入門編）
　○インドネシア拳法シラット（実戦編）
　○文部科学省選定 (社会教育成人向) 作品
　　現役教師がおくる誰にでもできるワン・ポイント護身術
　○對木佳史の正宗太極拳

對木佳史（ついき・よしふみ）

1957年、神奈川県茅ケ崎市に生まれる。神奈川県立伊勢原高等学校。明星大学人文学部社会学科を卒業。東都信用組合、町田支店得意先課として1年弱勤務後、自主退職。玉川大学の通信課程にて、初等教育免許を取得し、1982年教員採用試験に合格し、神奈川県公立小学校教諭となる。1986年から政府派遣教員として、ジャカルタ日本人学校へ海外赴任。1992年、横浜国立大学教育学部附属鎌倉小学校教官となる。1999年、東京大学にて、第50回・日本体育学会発表「PENCAT SILATにおける身体技法体系」2003年、早稲田大学にて、第4回スポーツ人類学会発表。「プンチャック・シラットにおける伝統と競技化」2012年より教頭職を4年務めた後2016年（57歳）で、早期退職。現在、実家を改装し、カフェのオーナー兼マスター（café KAYAKA 茅ケ崎駅北口徒歩3分）として経営しながら、インドネシア語講師や道場の運営等を行っている。

夢は叶えるもの　やればできる、自分が変われる
～元気・根気・勇気・そして努力～

2024年3月25日　初版第1刷印刷
2024年4月29日　初版第1刷発行

著　者　對木　佳史
発行者　恩藏　良治
発行所　壮神社（Sojinsha）
　　　　〒102-0093 東京都千代田区平河町 2-2-1-2F
　　　　TEL.03(4400)1658／FAX.03(4400)1659
印刷・製本　エーヴィスシステムズ

ⓒ Yoshifumi Tsuiki 2024, Printed in Japan

ISBN 978-4-86530-071-0 C0095